대한민국에
운명의 시간이
다가오고 있다

대통령탄핵과
체제전쟁

대통령단핵과 체제전쟁

초판1쇄 인쇄	2025년 02월 03일
초판1쇄 발행	2025년 02월 10일
초판2쇄 인쇄	2025년 02월 20일
초판2쇄 발행	2025년 02월 25일

지은이	이희천
발행인	이희천
펴낸곳	도서출판 대추나무
디자인	오종국 (Design CREO)
주소	인천광역시 남동구 문화서로 3번길 14-7, 101호
전화	010-8799-1500, 032-421-5128
팩스	032-422-5128
등록번호	제213-99-00699호

정가 10,000원

ISBN 979-11-978023-4-8 00300

대한민국에
운명의 시간이
다가오고 있다

. . . . . .

대통령탄핵과
체제전쟁

. . . . . .

이희천 지음

도서
출판 대추나무

우리 국민들은 언제까지나 종북세력의 종노릇을 할 것인가?

지금 대한민국은 대통령 체포를 둘러싸고 정부기관 간 서로 총부리를 겨눌 정도로 내전 상황으로 치닫고 있다. 이 내전은 윤석열-이재명의 싸움이 아니라 반대한민국세력과 대한민국세력 간의 체제전쟁이다. 만약 대한민국세력이 이번 내전에서 패하면 자유민주주의 대한민국은 종말을 고할 것이다. 지금 대한민국은 공산화로 가는 마지막 대문 앞에 서 있다.

어떻게 이 위기를 극복할 것인가? 야당의 급소인 종북사상을 타격하는 것이다. 어떤 방법으로 타격할 것인가? 진보, 민주

세력으로 위장한 종북 반대한민국세력의 실체를 주권자인
국민들에게 알리는 국민대각성운동을 전개하는 것이다.

10-20-30대와 호남이 깨어나고 있고, 대통령 탄핵을 반대
하는 집회가 3.1운동처럼 전국적으로 확산되고 있다. 대통령
지지율도 50%를 돌파하는 호기를 최대한 활용하면 대승을
거둘 것이다.

우리 국민들은 이 기회를 절대로 놓치지 말고 종북세력을
척결하고 자유민주주의에 입각한 정의로운 법치질서를 바
로세워야 한다. 우리가 언제까지 종북세력의 종노릇을 하
며 불안에 떨 것인가? 대한민국세력은 종북세력이 쳐놓은
족쇄를 풀고 위대한 대한민국을 만들어야 하지 않겠는가?

2025. 2. 3.

저자 **이희천**

국민저항권은 정당한 국민 권리다

내전 상태로 진입한 대한민국

지금 대한민국은 내전 상태다. 사회 곳곳에 진지를 구축한 종북 주사파가 노동계·교육계·언론계·문화계는 물론 입법부·행정부·사법부에 이어 헌법재판소·중앙선거관리위원회 등 독립기관까지 장악하고 있다. 나아가 시·도, 읍·면·동에 이르는 지방조직에까지 이들의 마수가 그물망처럼 펼쳐져 있다.

고위공직자범죄수사처(공수처)와 경찰 국수본은 윤석열 대통령을 체포하기 위해 "물대포, 장갑차, 헬기까지 동원"을 고려하는 등 무력충돌을 불사했고, 1월16일 실제 대통령을 체포하기 위해 대통령관저를 진입하는 과정에서도 온갖 불법, 탈법을 자행했다. 이것이 내전 아니고 무엇인가? 대한민국은 왼쪽으로 기울어진 운동장이 아니라 사실상 이미 전복된 상태다. 지난해 총선을 앞두고 6개월 동안 전국을 다니면서 강의하며 필자는 "이번 총선이 자유민주주의체제에서 치르는 마지막 선거가 될지 모른다"고 누누이 이야기했다.

또한 군소 좌파 정당들과 연대하는 더불어민주당의 총선 전략을 보면서 "야권의 총선 전략은 총선 후 윤석열 대통령을 끌어내리는 데 힘을 하나로 통합하기 위한 작전이자 전선 재배치와 같다"고 수도 없이 외쳤다. 그 예측이 그대로 현실이 되어 지금 우리 눈앞에 펼쳐지고 있다.

제왕적 국회 권력이 대한민국을 위협한다

좌파 진영에서는 그동안 대통령이나 정권을 비판할 때 '제왕적 대통령제' 운운하며 이러한 무소불위 권한을 행사하는 대통령제를 내각제로 바꿔야 한다고 주장했다. 우파정당인 국민의힘에서도 '제왕적 대통령제'를 내각제로 개헌하자는 주장들이 오래전부터 있었다. 내각제란 대통령제와 달리 국회가 입법권은 물론 행정부의 국정통치 권한까지 갖는 제도이다.

대한민국은 대통령이 문제가 아니다. 지금 우리는 통제받지 않는 입법 독재의 극단적 칼춤을 적나라하게 보고 있다. 입법 독재가 제왕적 대통령제보다 더 무서운 국가파괴를 가져올 수 있다는 것을 깨닫고 있다.

더불어민주당의 입법 독재로 행정안전부 장관·감사원장에 이어 대한민국의 통수권자인 대통령은 물론 대통

령권한대행 등 29번이나 줄 탄핵이 일어나며 세계사적
으로 이해할 수 없는 이상한 일이 경제대국 대한민국에
서 벌어지고 있다.

공수처, 경찰에 이어 검찰마저 반란세력에 가담하다

이번 대통령 비상계엄 수사와 탄핵사건을 통해 명백히
드러난 것은 대통령이 통솔하는 행정부마저 종북좌파
더불어민주당에 장악당했다는 사실이다. 윤석열 대통령
은 행정부 수반인데도 불구하고 그야말로 허수아비였음
이 명백히 드러난 것이다. 대통령이 임명권과 통치권을
행사하는 행정부 내 검찰, 경찰, 공수처 등 모든 수사기
관이 더불어민주당 콘트롤에 따라 대통령을 내란범으로
몰아가는 반란현상이 일사분란하게 일어난 데서 잘 알
수 있다. 대통령이 비상계엄을 선포(12.3)한 후 불과 3-4
일만에 대통령의 허락도 없이 대통령을 체포, 수사하기
위한 대규모 수사단을 전광석화처럼 만들었는데, 이러

한 조직적 반란은 유사이래 없었다. 정말 아연실색하지 않을 수 없었다.

공수처, 경찰 수사팀(국가수사본부)은 합동으로 대통령관저를 급습하고 대통령을 인신 구속하기 위해 두 차례(2025.1.3. 1.15)나 출동해 결국 대통령을 체포, 구속했다. 그런데, 1월26일 윤석열 대통령의 친정이자 법치주의 마지막 보루인 검찰마저도 공수처의 불법 수사에 이어 6개월간 대통령을 인신구속 상태에서 내란범 수사를 하겠다고 나선 것이다. 그것도 서울중앙지법에서 2번이나 대통령 구속영장 신청을 거부했음에도 말이다.

많은 검찰 출신들에게 물어보았다. "검찰이 왜 이러느냐?"고 물어보았더니, 자신들도 어리둥절해 하고 있었다. 심우정 검찰총장과 검찰간부들은 이런 정치적 격변기에 자칫 줄을 잘못 섰다가 검찰조직이 큰 타격을 입을지 모른다며 '검찰조직 보호'라는 명분 아래 그런 행동을 했을지 모른다. 노골적으로 말하면 검찰은 더불어민주당 세상이 된 것으로 착각하고 살기 위해 줄을 선 것이다.

심우정 검찰총장은 물론 모든 검찰직원들은 알아야 한다. 지금 검찰이 하는 행위가 어떤 역사적 결과를 낳을 잘못인지를. 지금 검찰이 한 윤석열 대통령 구속은 윤석열 개인을 죽이는데 그치지 않는다. 탄핵을 반대하는 50%의 대한민국 자유민주주의세력을 죽이는 것이고, 80여년간 힘겹게 발전시켜온 대한민국 역사를 끝장내는 반역행위이다. 이번 검찰의 결정은 두고두고 역사로부터 심판을 받을 것이다.

대한민국 자유민주주의를 수호할 기관은 그 어디에도 없다

공수처, 경찰, 검찰도 그럴진대 국정원, 국방부, 통일부, 행안부 등 다른 부처는 어떨까? 지금 대한민국에는 자유민주주의체제를 지킬 수 있는 공권력이란 어디에도 없다. 대한민국 정부는 이미 전복되었고, 정부 마비, 심하게 말하면 무정부상태다. 대한민국 모든 정부가 명령 통솔력을 상실하고 명령을 내리는 대통령에 항명, 반역하는 악성종양이 전신으로 퍼져 있다.

그런데도 국민들은 대한민국이 정상상태로 알고 있었던 것이다. 그래서 윤석열 대통령이 비상계엄을 하자, "웬 뜬금없는 비상계엄이냐"고 힐난한 것이다.

지금 대한민국은 6.25전쟁이 일어난 당시보다 훨씬 더 나쁜 상황이다. 공산세력을 저지할 어떤 진지도 남아 있지 않기 때문이다. 대한민국은 지금 입법부 행정부(자치단체 포함) 사법부, 언론, 경제(노동), 교육, 종교, 문화 등 모든 분야가 종북세력에 장악당하거나 혼재하고 있다. 그래서 모든 진지들이 종북세력과 체제전쟁을 치를 통솔능력을 상실하거나 작동 불능상태에 있다.

어떻게 할 것인가? 이제 남은 것은 오로지 자유민주주의가 무너지면 안 된다고 믿는 국민들이 깨어나고(국민대각성운동) 국민저항권을 행사하는 것뿐이다. 이것도 남은 시간이 별로 없다. 신속하고 일사분란한 행동만이 살길이다.

윤 대통령의 계엄 선포는 자신의 생명을 던진 저항권 행사다

윤석열 대통령은 2024년 12.3 비상계엄을 선포했다. 대다수 국민은 비상계엄에 두려움이나 불안을 느끼기보다 대체 왜 비상계엄을 선포했는지를 궁금해 했다.

윤 대통령은 비상계엄 선포문에서 "(반국가세력이) 입법 독재를 통해 국가의 사법 행정 시스템을 마비시키고 자유민주주의체제 전복을 기도하고 있다" "자유민주주의의 기반이 되어야 할 국회가 자유민주주의체제를 붕괴시키는 괴물이 된 것이다. 종북 반국가세력을 일거에 척결하고 자유 헌정질서(자유민주적 기본질서)를 지키기 위해 비상 계엄을 선포한다"고 했다.

대통령 입장에서 국정 상황을 살펴볼 때, 종북세력의 입법 독재 · 정부 전복의 실상이 더 이상 버틸 수 없는 한계 상황에 왔음을 직감한 것이다. 대통령이란 직책에 있으면 수많은 정보를 접할 수 있기 때문에 위기감 또한 더했을 것이다.

윤 대통령을 별로 좋아하지 않았던 한 원로 변호사는 "대통령이 그냥 지내면 아름다운 퇴임을 할 수 있는데, 굳이 자기 생명을 걸고 국가의 적화 실상을 국민과 세계에 알리려 한 것을 알고 나니 그의 진정성이 느껴진다"며 대통령을 적극 보호해야 한다고 말했다.

지난해 12월12일 대통령의 비상계엄 관련 담화문을 듣고 그처럼 감동을 받은 인사들이 많았다. 이것이 바로 국민의 마음을 움직였으며 지금의 광화문에 나가 탄핵 반대를 외치고 한남동 대통령관저를 지키는 국민저항권 발동의 원동력이 된 것이다.

▲ 윤석열 대통령 체포영장 집행 시한을 하루 앞둔 5일 윤 대통령 체포에 반대하는 지지자들이 서울 용산구 대통령관저 앞 집회 현장에서 우산을 들거나 은박지와 핫팩으로 추위를 피하며 자리를 지키고 있다. **박미나** 선임기자

고삐 풀린 국회 독재가 나타난 이유

현행 6공화국 헌법은 1987년 6월 전두환 군사정부에 대해 민주화를 부르짖는 6.10항쟁의 결과 만들어진 것

이다. 이 헌법은 대통령 통제에 치중하다 보니 국회 권력의 남용을 방지할 장치를 제대로 마련하지 않았다. 그게 바로 현재 대한민국에서 벌어지고 있는 사태의 발생 요인이다.

입법부와 행정부 간의 견제와 균형이 정상적인 자유민주주의 세력에 의해 이루어진다면 법적인 미비점이 있어도 적당히 유지될 수 있다. 그러나 종북 공산 세력이 입법부를 압도적으로 장악할 경우, 미친 소처럼 날뛰며 국가 질서를 파괴할 수 있다. 그런 일이 바로 현재 우리 대한민국에서 벌어지고 있다.

국민저항권은 정당한 국민 권리다

국민저항권은 주권자인 국민의 당연한 권리이다. 좌파 세력은 시위 때마다 헌법 제1조 "대한민국은 민주공화국이다. 주권은 국민에게 있고, 모든 권력은 국민으로부터 나온다"는 것을 들먹이며 광장에서 촛불 든 국민이

"대통령 내려 와" 하면 내려와야 한다고 터무니없는 논리를 들이댄다.

그러나 좌파 세력이 국회나 대통령 자리를 차지하면 국민이 아무리 외쳐도 들은 척도 하지 않고 그 권력으로 위협을 가한다. 종북좌파 세력은 대통령 탄핵사태가 일어나자 비상계엄을 선포한 대통령을 '내란 수괴'라며 체포를 독려하고 계엄법에 따라 지시를 이행한 군 관계자·경찰 등을 내란 공범으로 몰아 처벌하겠다고 엄포를 놓고 있다.

국민저항권은 국가권력에 저항할 수 있는 국민 권리로서, 자유민주주의 국가에서 주권자에게 주어지는 최종적인 방어권이다. 이는 헌법의 규정 여부와 관계없이 천부인권(天賦人權)이다.

헌법재판소에서도 이를 인정하고 있다. "저항권은 국가

권력에 의하여 헌법의 기본원리에 대한 중대한 침해가 행하여지고 그 침해가 헌법의 존재 자체를 부인하는 것으로서 다른 합법적인 구제 수단으로는 목적을 달성할 수 없을 때에 국민이 자기의 권리 · 자유를 지키기 위해 실력으로 저항하는 권리"라고 규정하고 있다.

대통령이 위험하다

최상목 대통령권한대행이 헌법재판관 2명을 임명하는 바람에 이제 헌재에서 대통령이 탄핵당할 가능성도 있다. 결코 낙관할 수 없다.

더불어민주당 등 정치권의 집요한 공세, 좌파 언론의 선동, 공수처 · 검찰, 경찰 등 행정부 관리에 이어 사법부 판사들까지 윤 대통령을 향해 칼을 들이대는 반란이 일어나고 있는데, 헌법재판관은 괜찮을까.

2017년 3월10일 박근혜 대통령 헌법재판 당시 우경 헌법재판관 비율이 지금보다 높았는데도 8:0으로 파면 결정이 나고 말았다. 지금 재판관의 성향을 볼 때 그때보다 상황이 더 나쁘다. 이런 상황에서 헌재가 기각 판결을 내리게 할 유효한 방법은 무엇일까.

탄핵 막을 마지막 보루는 국민저항권

헌재 법률팀의 적극적인 대응도 중요하지만 국민 여론의 향배가 가장 중요하다. 현재 윤석열 대통령에 대한 지지율이 50%에 이르고 있는데, 앞으로 지지율이 50~60%에 이른다면 헌재에서 대통령을 탄핵하기 힘들 것이다. 압도적인 국민 지지율이 전세를 역전하는 가장 강력한 힘이다.

국민 지지율을 높이기 위해서는 대한민국의 체제 위기가 얼마나 심각한지를 알리는 국민대각성운동이 절대적으로 필요하다. 대통령을 좋아하는 우파 세력만으로는 부족하기 때문이다. 중도층 등 관심 없는 사람들에게 현재 대한민국이 공산화로 가는 벼랑 끝에 매달려 있다는 사실을 정확히 알리는 것이 필요하다.

또한 광화문광장, 헌법재판소, 한남동 대통령관저, 과천 공수처, 서울구치소 등에서 대통령을 엄호하는 시위가 더욱 열기를 더해야 할 것이고, 이를 보도하는 유튜버들의 역할도 중요하다. 손가락으로 하는 댓글달기, 좋은 글 SNS 전파운동도 보다 적극적으로 해야 한다. 이를 통해 국민여론을 완전히 바꾸어 놓아야 한다. 헌법재판은 여론재판의 성격이 강하고 재판관들의 심리적 요인도 매우 중요하기 때문이다.

다만 국민저항권 행사는 광장시위든 유튜브든 댓글이든 국민들로부터 외면당하지 않고 더 많은 공감을 얻을 수 있도록 해야 한다. 윤 대통령 지지율이 40여일 만에

11%에서 50%로 급등한 주요인은 국민들에게 보여준 진정성 있는 행동이었다. 더불어민주당 지지율이 폭락한 것은 거짓과 선동, 불법적이고 파렴치한 행태 때문이었다. 지금 우리에게 필요한 것은 60% 이상의 국민지지율을 달성하는 것인데, 이것을 이루려면 국민의 마음을 얻는 것이 관건이다.

그리고 시위를 할 때 좌파세력이 애국진영 시위대 내부로 침투해 분탕질을 하고 우파진영의 잘못으로 뒤집어씌울 가능성이 있고, 이를 왜곡 전파해 국민여론을 이탈케 하려는 좌파언론이 있음을 명심해야 한다.

Contents
차례

대한민국에
운명의 시간이
다가오고 있다
. . . . . .

대통령탄핵과
체제전쟁

"도대체 무슨 일이야?"

전 국민과 세계가 놀랐다.
지금까지 대한민국은 건강한 자유민주주의가
유지되는 줄 알았는데,
대통령의 비상계엄 선포로 사태의 심각성을
깨닫게 된 것이다.

대한민국엔 6 · 25전쟁 이후 가장 큰 규모의 초대형 지진과도 같은 정치적 파동이 일고 있다. 얼핏 보아 이것은 윤석열 대통령이 비상계엄을 선포(2024.12.3)하고 야당으로부터 탄핵소추(12.14)를 당한 단순한 사건 같지만 실상은 그보다 심각하다. 대한민국 안에서 끓고 있던 정치사상적 마그마가 폭발하며 국민 간에 잠재되어 있던 사상 갈등이 현실화했기 때문이다.

대한민국은 사람의 몸으로 비유하면 말기 암 환자와 같다. 겉으로는 멀쩡해 보이지만 모르는 사이에 심각한 암 덩어리가 자라난 것이다. 상태가 이렇게 악화된 것은 정치인 · 경제인 · 지식인 누구도 제대로 이 중병 상태를 터놓고 말하지 않았기 때문이다. 그래서 국민들 모르는 사이에 40여 년간 주사파라는 암세포가 대한민국의 모든 기관들에 스며들어 급기야는 심장에 해당하는 국회

마저 장악했고 뇌에 해당하는 대통령 자리를 빼앗으려는 단계에까지 이른 것이다.

그래서 윤석열 대통령이 사태의 심각성을 깨닫고 비상계엄을 선포했고, 역으로 탄핵소추를 당하고 직무정지까지 당하는 상태에 처한 것이다.

"도대체 무슨 일이야?" 전 국민과 세계가 놀랐다. 지금까지 대한민국은 건강한 자유민주주의가 유지되는 줄 알았는데, 대통령의 비상계엄 선포로 사태의 심각성을 깨닫게 된 것이다.

이제 이 중병을 치료해야 한다. 그러기 위해서는 우리를 침범한 게 어떤 병인지, 그 원인은 무엇인지, 앞으로 어떻게 치료할 것인지 깊이 분석해야 할 시점인 것이다.

지금까지 그래 온 것처럼 미봉책으로 봉합될 수준의 상

태가 아니다. 이제는 감출 수도 없고, 감춰서도 안 된다. 국민 모두가 알고 세계가 다 아는 방식으로, 암 수술을 해야 한다.

02 대통령 탄핵은 체제전쟁

대통령 탄핵은 체제전쟁이다

지금 대한민국에는 대통령의 탄핵을 둘러싸고 심각한 정치적 갈등이 일어나고 있다. 국민들은 처음에는 이 사태가 대통령이 비상계엄을 왜 선포했느냐를 놓고 벌어지는 이재명과 윤석열 간의 정치 갈등 정도로 생각했다. 좀 더 노골적으로 말하면, 이재명 대표는 윤석열 대통령을 퇴진시키고 자기가 대통령이 되려고 하고, 윤석열 대통령은 대통령 자리를 유지하기 위해 저항하는 정치 갈등인 것처럼 본 것이다.

그러나 이 갈등의 본질은 그렇게 간단하지 않다. 이것은 매우 복잡하고 거대한 내전이고, 체제전쟁이다. 대한민국이 공산주의 체제로 가느냐, 자유민주주의 체제로 남느냐를 선택하는 내전인 것이다. 이 내전은 공산주의가 이 땅에 들어온 후 100여년 간 지속되어 온 사상전쟁에서 비롯된 것이다. 이른바 '100년 전쟁'이다.

우리는 8 · 15해방 후 3년간 어떤 체제의 국가를 만들 것이냐를 두고 건국 전쟁도 벌인 바 있다. 건국 후엔 6 · 25전쟁이 일어나 많은 피를 흘려야 했다. 1980년 무렵 대학가에서 주사파가 폭발적으로 등장한 이후 40여 년이 지난 지금 우리는 다시 대한민국을 어떤 체제의 나라로 만들 것이냐를 두고 체제전쟁을 벌이고 있다.

지금 대한민국은 북 · 중 · 러 공산 진영으로 가느냐, 아니면 한 · 미 · 일 등 자유민주 진영에 남느냐를 결정하는 역사적 분기점에 다시 섰다. 미국의 고든창 변호사는 윤석열 대통령이 탄핵당하고 이재명이 대통령에 당선된 다면 대한민국은 중국과 북한에 흡수될 것이라고 확언한 바 있다.

이번 사태는 제2의 한국전쟁

대한민국은 1950년 6·25전쟁을 통해 치열한 체제전쟁을 치른 바 있다.

6·25전쟁은 1953년 휴전으로 잠시 중단된 것일 뿐 결코 종결된 전쟁(종전)이 아니다. 북한 정권의 공작으로 남한 내 종북세력이 그 세를 키워 대한민국의 거의 모든 진지를 장악했고, 마지막으로 대통령을 제거함으로써 공산화를 확정짓는 순간에 온 것이다. 지금 대한민국에서 일어나고 있는 내전은 제2차 6·25전쟁, 제2의 한국전쟁이다.

6 · 25전쟁은 북한이 무력으로 남한을 공산화하려는 것이었다면 이번에는 남한 내 종북세력이 합법적인 모양새를 취하며 대한민국을 공산화하려는 것이다. 방법만 다를 뿐 대한민국을 공산화하려는 목적은 똑같다.

윤석열 대통령 탄핵사태는 대한민국의 운명을 가를 것

윤석열 대통령 탄핵은 하나의 정치 사건이 아니고 국가 대변혁의 서곡이다. 윤석열 대통령을 탄핵하려는 것은 윤 대통령 개인을 탄핵하는 것이 아니다. 윤석열을 지지하는 자유민주주의 세력(대한민국세력)을 탄핵하는 것이고, 이는 곧 대한민국을 탄핵하는 것이다. 윤 대통령에 대한 탄핵 판결은 곧 1948년 건국한 대한민국 역사의 종말을 의미하는 것이다.

반대로 대한민국세력이 승리한다면 1987년 이후 대한민국의 진지를 장악하고 대한민국을 파괴해 왔던 종북 반대한민국세력이 드디어 종말을 고하게 될 것이다.

누가 승리할 것인가. 윤석열이냐 이재명이냐? 자유민주
주의냐 공산주의냐? 대한민국세력이냐, 반대한민국세력
이냐? 한·미·일 자유진영이냐, 북·중·러 공산 진영
이냐? 자유 통일이냐 적화통일이냐?

그 선택은 이번 대통령 탄핵 사태로 결말이 날 것이다.
대한민국 앞에 운명의 시간이 다가오고 있다.

03 윤석열 대통령은 왜 비상계엄을 발동했나?

윤석열 대통령은 왜 비상계엄을 선포했나?

윤석열 대통령은 2024년 12월3일 밤 10시 반에 비상계
엄을 선포했다. 많은 국민은 "웬 뜬금없는 비상계엄이
냐?"는 반응을 보이기도 했다.

윤 대통령은 비상계엄 선포문에서 '종북 반국가세력으로부터 자유민주주의 체제를 지키기 위해 비상계엄을 선포했다'고 언급했다. 즉, "입법 독재를 통해서 국가의 사법·행정 시스템을 마비시키고 자유민주주의 체제 전복을 기도하고 있다" "자유민주주의의 기반이 되어야 할 국회가 자유민주주의 체제를 붕괴시키는 괴물이 된 것이다. 종북 반국가세력을 일거에 척결하고 자유헌정 질서(자유민주적 기본질서)를 지키기 위해 비상계엄을 선포한다"고 주장한 것이다.

대통령 입장에서 국정 상황을 바라볼 때 종북세력의 입법 독재·국정 마비·정부 전복의 실상이 더이상은 버틸 수 없는 한계상황에 다다랐음을 직감한 것이다. 국민들은 피상적으로 알겠지만 대통령 직책에 있으면 수많은 정보를 접할 수 있기 때문에 그 위기감은 더했을 것이다.

윤 대통령은 12.12 대국민 담화에서 '종북 반국가세력'
의 위험성을 국민들에게 알리려고 비상계엄을 선포했다
고 밝혔다. '국민 깨우기'가 목적이었던 것이다.
윤 대통령이 비상계엄을 통해 국민들에게 제시한 포인
트는 3가지이다.

첫째는 지금 대한민국에 체제전쟁이 일어나고 있다는
사실을 국민들에게 알리려 했다. 공산주의 체제로 가려
는 세력과 자유민주주의 체제를 수호하려는 세력 간에
체제전쟁이 전개되고 있다는 것이다.

둘째는 '종북 반국가세력'을 대한민국 체제를 무너뜨리려
는 적으로 규정했다. 이재명의 더불어민주당은 종북 반국
가세력으로, 입법부를 장악하고 행정부와 사법부를 마비
시키려 하는 정부 전복 세력이라는 점을 명확히 했다.

셋째는 전선을 대한민국세력과 반대한민국세력으로 나

누라는 것이다. 전쟁에서는 전선을 어떻게 긋느냐가 매우 중요한데, 전선은 우군에게 절대적으로 유리한 방향으로 그어야 하고, 피아 구분을 명확히 해야 아군끼리 총질해 자멸하는 것을 막을 수 있다. 그래서 윤 대통령은 아군에게 절대 불리한 보수와 진보, 우파와 좌파로 나누지 말고 전선을 대한민국세력과 반대한민국세력으로 나눌 것을 제시하고 있다.

대통령, 종북 반국가세력과 체제전쟁 선포

0 2023년 8.15광복절 행사 등
- "자유민주주의와 공산전체주의가 대결", "공산전체주의를 맹종 추종하는 반국가세력"등

0 2024년 12월 3일, 비상계엄 발표문
- "체제 전복을 노리는 **반국가세력의 준동**으로부터 국민의 자유와 안전..." 을 지키기 위해 **(대한민국은 체제전쟁 중)**

- "종북 반국가세력들을 일거에 척결하고 **자유 헌정질서를 지키기 위해 비상계엄을 선포**" – **(대한민국의 적 : 종북 반대한민국세력, 대세–반대세 전선 설정)**

**윤석열 대통령,
비상계엄 선포**
(2024.12.3)

"체제 전복 노리는 반국가세력 준동"

더불어민주당 등 좌파세력, 윤대통령을 '내란수괴'로 몰다

더불어민주당 · 대다수 언론 등 좌파 진영은 "비상계엄은 내란" "윤석열 대통령은 내란 수괴" "비상계엄에 동참한 사람은 내란 공범"이라는 프레임을 만들어 융단 폭격을 가했다. 국민들은 이러한 내란 프레임 선동에 많이 휘둘렸다. 이에 발맞추어 경찰 · 검찰 · 공수처 등 수사기관들은 비상계엄이 선포된 지 3~4일 만에 대형 수사팀을 꾸리더니 곧이어 관련자들을 체포하고 구속했다.

참으로 전광석화처럼 빠른 움직임이다. 이재명~문재인~조국 등에 대해서는 그렇게 혐의가 많아도 움직이지도 않던 수사기관이 이렇게도 신속하게 대통령을 내란범으로 몰다니!!

이러한 내란 프레임 선동으로 윤석열 대통령과 정부는 대응할 여지가 없었다. 일방적으로 난타당할 수밖에 없었다. 그러는 사이 국민들이 좌파의 선동에 휘둘려 윤석열 대통령의 지지도가 급락해 11%에 이르렀다. 그러자 더불어민주당은 '윤석열=내란 수괴'라는 프레임을 내세우며, 국민의힘을 압박해 12월14일 국회에서 탄핵소추안을 통과시키고 말았다.

04 윤석열 대통령의 비상계엄이 내란이라고?

대통령의 비상대권 행사가 내란이라고?

내란이 무슨 뜻일까? 내란이란 내부의 적에 의한 반란을 의미한다. 반란이란 정권을 갖지 못한 비집권 세력이 정권을 탈취하려고 집권 세력을 향해 일으키는 무력 행동을 말한다. 윤 대통령이 집권자인데 무슨 반란을 일으키는가? 언어도단이다.

대통령은 국민의 직접선거를 통해 합법적으로 선출되

고, 헌법과 법률에 의해 비상대권을 가지고 있다. 비상계엄 선포는 헌법 제77조에 "전시, 사변 또는 이에 준하는 비상사태에 선포할 수 있다"고 규정돼 있는데, 그 비상계엄을 선포할 상황인지에 대한 판단은 - 고도의 통치행위로서 대통령의 고유 권한이다.

이러한 고도의 통치행위에 대해 '내란'이라는 프레임을 덮어씌우고 국민을 선동하는 것은 바로 대통령을 끌어내리려는 목적이 사전에 있었기 때문이고, 그래서 그렇게 신속하게 집단행동을 할 수 있었던 것이다.

대통령이 비상계엄을 선포한 명시적 이유

① 좌파의 입법 독재로 정부 전복 위기

대통령이 비상계엄을 할 수밖에 없었던 본질적 이유는 종북좌파 세력에 의해 국회가 장악당한 데서 출발한다. 2024년 4.10 총선에서 종북좌파 정당인 더불어민주당·진보당·조국혁신당 등이 국회의 압도적 의석(188석)을 차지했다.

24년 총선 결과, 정치권 전복현상 뚜렷

0 **우파정당** : 국민의힘 유일
 - **국민의힘** 108석

0 **중도** : 새로운미래, 개혁신당 - 좌파정당에 부분 동참
 - **개혁신당(이준석 등)** : 지역1, 비례 2
 - **새로운미래(이낙연 등)** : 1석

0 **좌파정당** : 더불어민주당(연합정치시민회의), **진보당,** 조국혁신당, 기본소득당, 사회민주당, 정의당 + 녹색당, 열린민주당, 지역당연합, 노동당 등
 - **더불어민주당** 175석
 - **조국신당** 12석
 - **진보당** 3석

윤석열 대통령이 비상계엄을 선포한 근거로 제시한 것은 더불어민주당이 행안부장관·방송통신위원장 탄핵, 수사 검사 탄핵, 감사원장 탄핵 등 30여 건에 달하는 줄탄핵과 대통령실 특활비 등 예산을 전액 또는 대폭 삭감

함으로써 정부 조직의 활동과 국가정책을 마비시켰다는 것이다. 대한민국 국회는 지금 국회 의석의 다수를 장악한 더불어민주당의 일당독재에 장악된 실정이다. 사상적으로 표현하면 종북좌파의 독재 체제인 것이다.

이렇듯 다수당의 패악적 독재로 인해, 대통령은 도저히 정상적인 국정운영을 할 수 없는 한계상황에 이르렀다. 그래서 비상계엄을 선포한 것이다.

② 부정선거 진실 규명에 포커스

윤석열 대통령이 비상계엄을 선포한 결정적 이유는 중앙선관위의 부정선거 사실 여부를 밝히기 위한 것이었다. 윤 대통령은 대국민 담화에서 선관위의 부정선거의 진실을 밝히기 위해 비상계엄을 발포했다고 분명히 밝혔다.
그것은 계엄군의 투입 상황을 보아도 잘 알 수 있다.

12.3 비상계엄을 선포한 후 국회에는 1시간이나 늦게 280여 명을 투입했으며, 출입자들을 강하게 통제하지 않았다. 그러나 선거관리위원회에는 비상계엄 선포 즉시 300여 명을 투입하는 등 신속함을 보였다. 투입 장소도 과천 선관위 본부·관악 선관위·수원 선거연수원 3곳에 투입했고, 강원도 양구 선관위와 양구군청에까지 투입했다.

왜 선관위에 이렇게 집중적으로 계엄군을 투입했을까? 대통령이 선관위의 부정선거 문제를 밝혀야겠다는 의지를 굳게 가지고 있었기 때문이다. 국정원은 2023년 선관위에 대해 7-9월 2달간 보안점검을 실시한 바 있다. 그리고 점검 후 선관위의 보안상태가 엉망이고 심각한 조사 방해가 있었으며 부정선거 가능성 등이 있어 엄정 수사가 필요하다는 보고서를 대통령에게 제출했다.

그러나 대통령도 손쓸 방법이 없었다. 선관위는 독립기관이라는 명분으로 방어막을 치고 있고, 특히 대법원 판사가 선관위 상임위원장 자리에 있는 등 법원과 선관위가 하나의 운명공동체가 되어 있기 때문이다. 선관위를 대상으로 수사를 하는 것은 현실적으로 불가능했다. 그래서 비상계엄을 통해서만 진실을 밝히는 게 가능하다고 판단한 것이다.

③ 중국의 선거 개입 진실 폭로 등 국가 주권 수호

윤석열 대통령이 비상계엄을 선포한 배경에는 중국의 선거 개입 문제를 밝혀 중국의 심각한 정치 개입과 대한민국에 대한 친중화 공작을 저지하려는 의도도 깔려 있었다. 비상계엄 시 미군 정보기관과 합동으로 계엄군을 수원에 있는 선거연수원에 투입해 중국해커 등 수십 명을 체포했고, 이들 중국간첩을 미군이 압송해 수사 중이라는 주장(스카이데일리)이 점점 사실로 드러나고 있다. 윤석열 대통령은 12.12 대국민 담화에서도 중국의 심각한 간첩행위와 이를 간첩죄로 처벌할 수 없는 법률, 이의 개정을 막는 야당을 강하게 비판했다.

최근 중국의 정치 개입이 심각하다. 중국 정보기관의 광범위한 정보수집 및 공작 활동, 중국인(조선족 포함)의 촛불집회 참가, 댓글 공작(오마우당), 선거 개입(해킹 의혹, 2020년 총선 투개표 사무원 중국인 대거 투입 등) 등과 같이 매우 노골적으로 대한민국에 대한 정치 개입이 이루어지고 있다.

중국의 이러한 개입은 문재인·이재명 등 더불어민주당, 좌파 세력이 있기에 가능한 것이었다. 중국 조선족 등 영주권자에게 지방선거 투표권을 주고, 중국 조선족·중국 유학생 등에게 읍면동 주민자치회 회원 자격을 부여하고 있다. 중국의 이러한 침탈을 막지 않으면 언젠가는 홍콩과 같은 운명에 처할지 모른다는 우려가 커지고 있다.

이재명 대표는 "세세" 발언과 "미군은 점령군" 발언 등 반미·친중 노선을 분명히 드러내고 있다. 최근 미국에서는 이재명이 정권을 잡으면 대한민국이 중국에 흡수될 것이라며 거부 여론이 확산되고 있다.

05 종북 반국가세력이 내란범이다

윤대통령, 내란 세력 척결 위해 비상계엄 선포

윤석열 대통령은 더불어민주당 등 종북 반국가세력이 헌정 질서를 파괴하고 있어 이를 진압하기 위해 비상계엄을 선포한다고 말했다. 그 말에 따르면 종북 반국가세력이 내란범이라는 말이다.

만약 대통령의 말대로 종북 반대한민국세력이 오랫동안 대한민국의 자유민주주의 체제를 무너뜨리기 위해 반란·내란·혁명을 기도해 왔다는 것이 밝혀질 경우 비상계엄의 정당성이 입증될 것이다. 윤 대통령을 내란죄로 처벌하려는 더불어민주당 · 촛불 세력 · 좌파 언론 · 공수처 · 경찰 수사본부 등이 내란범으로 처벌받아야 할 것이다.

종북 반국가세력이 내란범임을 밝힌다

내란이란 무슨 의미인가? 내부의 적에 의한 반란이란 뜻이다. 반란이란 비집권세력이 집권세력으로부터 정권을 탈취하려고 벌이는 일체의 행동을 말한다. 그러므로 국군통수권을 보유하고 헌법적 근거를 가진 대통령이 비상대권을 행사하는 것을 반란 · 내란으로 규정하는 것은 어불성설이다.

오히려 종북 반국가세력이 반란 · 내란범들이다. 이들의 공산주의 · 주체사상은 자유민주주의 대한민국을 허물고 북한 · 중국과 같은 공산주의 체제의 나라를 만들려고 하는 혁명사상이기 때문이다.

종북세력은 해방 이후 줄곧 대한민국 국민으로 살면서
도 끊임없이 자유민주주의 대한민국을 허물고 공산화시
키기 위해 노력한 공산 혁명 세력이다.
실제로 이들은 윤 대통령이 취임할 때부터 지금까지 지
속적으로 대통령을 탄핵·퇴진시키기 위해 사전공작을
해 온 반체제 세력이다. 이들이야말로 윤석열 정부를 허
물기 위한 목적을 분명히 가진 반란 세력이 아니겠는가.

공산 반란 세력을 제압하고 자유민주주의 체제를 수호
하려는 대통령을 내란범으로 모는 것은 적반하장의 행
위다.

이재명 세력, 간첩 종북세력과 연계성 드러난 혁명 세력

문재인 정권은 1980년대 자생적인 종북세력인 전대협

을 주축으로 정치를 했다면, 이재명은 1990년대 종북세력인 한총련, 특히 간첩 종북세력이라 할 수 있는 이석기 경기동부연합과 연결되어 있다.

이석기 경기동부연합은 북한 간첩과 연계된 진성종북세력으로, 2006년 일심회간첩단, 2011년 8월 적발된 왕재산간첩단 – 등과 직·간접으로 연결된 세력이다.

이석기 경기동부연합은 이석기가 주도하는 지하혁명조직(RO)의 중심을 이루었다. 이석기의 RO조직은 2013.8 국정원에 적발되었는데, 이들은 북한이 남침할 때 내응해서 혜화동 전신전화국 폭파, 평택 유류창고 폭파, 인명 살상 등을 모의했다. 이로 인해 이석기는 9년형을 선고받았다. 이 여파로 통합진보당은 2014년 12월 헌법재판소에 의해 위헌정당으로 해산까지 당했다.

이석기의 RO(지하혁명조직)는 3대 행동강령을 두었는데,

'주체사상을 지도이념으로 남한사회의 변혁운동을 전개한다' '남한사회의 자주 · 민주 · 통일을 실현한다' '주체사상을 연구하고 전파 보급한다'이다. 이는 대한민국을 전복하기 위한 혁명조직임을 잘 보여주는 근거이다.

이재명의 대장동 개발사업에 참여했던 유동규 씨에 따르면 이석기의 RO 사건 조직원 명단에 들어가 있는 이재명을 검찰이 조사 과정에서 빼 주었다고 하니 이들은 사실상 하나의 운명공동체라 할 것이다.

이재명은 이미 1990년대 초 한총련 산하 용인·성남 지역 조직인 용인성남지역대학총학생회연합(용성총련)의 변호사로 활동했다. 2003년에는 이석기 경기동부연합이 주도한 성남시립병원 설립추진위원회의 공동대표를 맡기도 했다. 이 정도로 이재명과 경기동부연합은 오랜 인연을 가지고 있었다.

더욱이 2010년 지방선거 당시 이재명이 민주당 후보로 성남시장에 출마하자 민노당 후보인 김미희(경기동부연합 소속)이 후보 단일화를 통해 이재명의 당선을 도왔다. 이에 이재명은 김미희를 성남시장직 인수위원장으로 임명하는 등 경기동부연합과 일심동체가 되어 성남시를 공동 통치했다.

더불어민주당, 종북세력 대거 진입으로 통진당화한 혁명 정당

이재명과 경기동부연합을 중심으로 한 통진당·한총련 세력은 이재명이 민주당 대선후보로 출마하면서 대거 민주당으로 들어갔다.

대선 후 이재명이 민주당 대표가 되자 더 많은 통진당·한총련 세력이 민주당으로 들어와 당권을 완전히 장악했다.

이낙연 지지자들, 이재명세력=구통진당세력

2021.7 더불어민주당 당게시판에 올라온 글

이번 경선 결과에 따라 민주당을 지킬 수 있을 지 아니면 저 미친 통진당 세력에게 통째로 빼앗길지 결정될 것으로 보이는구라

더불어민주당
대통령 후보
경선과정

2024년 총선 당시엔 당내 다수 세력인 이들이 자신들에 굴복해야 공천을 해 줌으로써 민주당은 완전한 이재명 중심의 진성종북 정당으로 탈바꿈했다. 그 과정에서 이 낙연 등 전통 민주당 세력은 둥지를 빼앗기고 당에서 쫓 겨나고 말았다. 하지만 그렇다고 해서 민주당의 모든 국 회의원·당원이 종북세력이라는 뜻은 아니다. 진성종북 세력이 당의 주도권을 잡고 있어 당이 그 방향으로 나아 갈 수밖에 없다는 뜻이다.

그러므로 이재명의 더불어민주당은 진성종북 정당, 통진당화 되었다고 할 수 있다. 그리고 그 배후에는 이석기 경기동부연합, 북한이 존재한다.

이재명의 반미 · 반대한민국 사상을 드러낸 혁명 세력

이재명은 2017년 1월 "대한민국 혁명하라"라는 제목의 책을 발간했다. 그 책에서 그는 대한민국 건국 이래 70여 년의 역사를 적폐의 역사로 규정하고 조선공산당이 만든 조선인민공화국을 꿈꾸는 듯한 발언을 하는 등 반대한민국 사상과 역사관을 드러냈다.

❖ 이재명은 "대한민국 혁명하라" 책에서 "어떤 나라가 되어야 하는가? 해방 후 우리가 합의했던 민주공화국의 가치가 살아 숨쉬는 나라를 만들자"라고 주장했는데, '우리가 합의했던 민주공화국'이란 미군정이 수립(1945.9.9.)되기 3일 전 조선공산당 박헌영이 부랴부랴 만든 조선인민공화국(산하 인민위원회)을 의미하는 것으로 이해.

이재명 책, 가장 많은 등장 문구 적폐청산

0 "70년의 적폐를 청산해야 한다"

★ 대한민국 전체를 적폐 역사로 보는 시각

0 "지난 70년의 적폐를 청산하고 새로운 70년을 설계하는 시점"

0 "70년간 쌓인 폐단을 청산하고 새로운 70년을 준비할 때가 바로 지금이다"

0 "70년만의 대청산과 대전환을 완료하고 새로운 대한민국, 진정한 민주공화국을 완성하자"

★ 대한민국 체제 바꾸겠다는 의미

2017년 박근혜 대통령 탄핵 촛불시위 당시 "주한미군 철수"를 언급했고, 2021년 대선후보 과정에서 미군을 "점령군"이라고 발언하여 사회적 파문이 일기도 했다. 그리고 수시로 친중 발언과 행보를 함으로써 그가 정권을 잡을 경우 한·미·일 삼각동맹에서 북·중·러 동맹으로 이탈할 것이라는 것이 미국 조야의 일반적인 예측이다.

이재명, 2017.1 '미군철수 각오' 발언

**"미군 없으면 방어 안된다?
빙신입니까"** "(미군이) 간다고 하면
뒷다리 잡고 매달리면서 '남아있어
주세요. 돈(방위비 분담금) 좀 더
드릴게' 이러지 말았으면 좋겠다"

이재명 성남시장 (더불어민주당
대선 후보), **2016년 11. 17
부천시청 강연**

**"미군 철수 각오하고
국방정책 수립해야"**

2017.1.3 이재명 발언

---

06 종북세력의 윤석열 퇴진 투쟁, 사전 준비된 반란이다

윤석열 탄핵, 북한의 정치공작 개입 여지

윤석열 대통령 탄핵에 북한 공작기관이 개입했을 것은
자명한 일이다. 스카이데일리 등 언론에선 최재영 목사
는 윤 대통령 탄핵을 유도하기 위해 김건희 여사에게 접

근한 간첩으로 보는 것이 맞다는 고위탈북자들의 주장을 보도하고 있다.

북한은 2024년 4.10총선을 1년 앞두고 종북세력에게 지령을 내렸다. '국민의힘은 윤석열의 사당'이라면서 '친윤계가 안철수 · 이준석 등 비윤계를 공천 대학살할 것'이라는 유언비어를 퍼뜨리고 신당 창당론 분위기를 유도하라는 것이었다. 실제로 이준석이 탈당해 신당을 창당함으로써 북한의 공작은 그대로 이루어졌다.

이렇듯 북한은 국민의힘의 분열을 유도해 총선에 패배하게 함으로써 윤 대통령 탄핵을 이끌어 낸 것이다.

대통령 탄핵, 철저히 준비된 종북세력의 공작

종북세력은 윤석열정부 출범 초기부터 대통령 탄핵을 이끌어 내기 위한 준비 작업에 착수했다. "촛불행동"이라는 단체는 대통령 당선 직후 만들어져 지금까지 전국을 순회하며 180여 회의 촛불시위를 개최했다.

촛불 세력은 총선 직후 윤석열 대통령 퇴진 운동을 적극 주도했는데, 더불어민주당·진보당·조국혁신당 등 야 6당이 이에 적극 참여했다. 총선 직후인 4월13일 첫 '윤석열 퇴진 촛불대행진'에서는 "윤석열 숨통 틔워 주면 안 된다." "틈만 주면 살아난다. 쉬지 말고 몰아치자." "윤석열 탄핵 그날까지 굳건하게 투쟁하자" 등의 표어를 내걸었고, 권오혁 촛불행동 공동대표는 "촛불행동은 총선에서 확인된 민심을 철저히 받들어 윤석열 탄핵에 총력을 다할 것"이라고 발언했다.

더불어민주당은 총선 직전 비례정당(더불어민주연합) 공천 과정에서도 윤석열 대통령 탄핵을 목표로 공천 전략을 수립한 흔적이 역력하다.

더불어민주당은 군소좌파 정당들을 비례정당 안에 넣고 3~4석씩 비례대표를 공천했다. 진보당에 3석, 기본소득당 · 사회민주당 · 열린민주당이 소속된 새진보연합에 3석, 촛불세력에 4석을 배정한 것이다.

더불어민주당이 자당 소속 후보에게 줘야 할 의식을 다른 군소정당에 나눠준다는 것은 상식적으로 이해가 되지 않는다. 그것은 이재명 대표가 인심이 좋아서 한 일이 아니다. 이를 통해 좌파 정당들이 더불어민주당을 배신할 수 없도록 하기 위함이다. 사실상 하나의 정당으로 묶는 방법이다. 이는 과거 동유럽 국가들이 공산화될 때 쓰였던, 소수의 공산당이 연대연합을 통해 1당화에 성공하는 통일전선 전술이다.

그 결과 더불어민주당을 중심으로 한 6개 좌파 정당은 하나의 정당처럼 단일대오를 형성해 총선 이후 채상병 특검법 · 김건희 특검법 · 윤석열 대통령 탄핵소추 등에서 일절 이탈 없는 행동 통일을 할 수 있었던 것이다. 이 모든 것은 저들이 윤 대통령 탄핵을 위해 철저히 사전 준비를 했다는 실증 사례이다.

윤석열 대통령 퇴진 운동은 사전에 철저히 기획되고 준비된 것이다. 이들의 목적은 대통령 퇴진→정부 전복→정권 장악→개헌→체제 전복→국가 전복이다. 반란 목적이 뚜렷한 세력인 것이다.

윤석열 대통령이 비상계엄 조치를 단행한 것도 더불어민주당이 국회 권한을 총동원, 대통령을 궁지로 몰아넣은 결과다. 대통령이 현 사태를 돌파하기 위해 비상계엄이라는 방법을 쓴 것이다. 하지만 이것 또한 더불어민주당이 압박 전술을 통해 대통령이 비상계엄을 쓰지 않을 수 없도록 만든 공작의 결과라 할 수 있다.

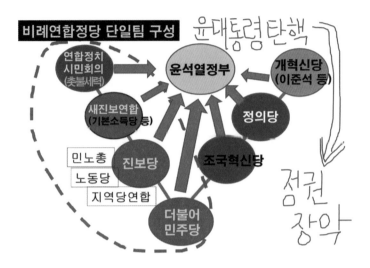

좌파정당 총선연대연합전술, 윤 탄핵 사전 포석

박근혜 대통령 퇴진 촛불시위도 철저히 준비된 정치공작

박근혜 대통령 탄핵도 북한과 종북세력의 사전 준비 결과였다. 박근혜 대통령 탄핵은 2016년 12월9일 탄핵소추, 2017년 3월10일 헌법재판소의 탄핵 심판으로 이루어졌다.

북한의 대남선전기관인 조평통은 2016년 3월4일 처음으로 '박근혜 처단'을 언급했고 4월 경 '박근혜 탄핵'을 언급했다. 6월24일에 난수방송(대남공작 지령 방송)을 재개했다. 그러자 남쪽에선 7월부터 언론이 미르재단 문제를 거론하기 시작했고 8월 중순 더불어민주당 내에 비밀리에 최순실TF가 결성되었다. 9월에 정유라의 승마 문제가 거론되고 10월 들어 최순실의 대통령연설문 수정 문제로 비화하더니 10월24일 JTBC가 최순실의 컴퓨터에 박근혜 대통령 연설문 등 44개가 들어 있었다는 보도를 하면서 대폭발을 일으킨 것이다.

박근혜 대통령 퇴진 촛불시위(10.29, 토)가 일어나자 좌파진영은 즉시 민노총 사무실(12층)에 박근혜 퇴진 투쟁본부를 설치하고 수백만 명이 참가하는 촛불시위대를 일사분란하게 컨트롤했다. 민노총은 시위대의 이동·식사·무대·가수·연설자·시위 캐치프레이즈·손전등 등을 빠짐없이 준비했다. 이렇게 해서 박근혜 대통령 탄핵에 성공해 문재인 정권을 탄생시킨 것이다.

우파정권을 끌어내리고 좌파정권을 창출한 이러한 정치
혁명을 어떻게 우연히 할 수 있을까. 이는 북한과 남한
내 종북세력이 사전 협의하며 철저히 계획한 정치공작
이며, 대통령을 불법적으로 중도에 끌어내린 내란 · 반
란 사건임을 스스로 증명하는 것이다.

촛불시위, 우연이 아닌 계획된 정부 전복 기도

이번 윤석열 대통령 탄핵 시위에서도 촛불세력의 촛불
행동이 필수적으로 등장하고 있다. 이러한 촛불시위는
종북좌파 세력이 정부 전복 · 체제 전복을 위한 혁명 분
위기를 고조시키는 핵심 수단이다.

2002년 12월에 일으켰던 효순미선사건 반미 촛불시위
는 노무현 정권을 창출하기 위한 작전이었고, 2008년
5월 광우병 반미 촛불시위는 이명박 대통령을 끌어내
리려 한 반정부 투쟁이었으며, 2014년 세월호 촛불시
위 · 2016년 말 촛불시위는 박근혜 대통령을 끌어내리

기 위한 반정부(정부 전복) 투쟁이었다.

촛불시위는 우연히 일어난 사건이 아니라 대통령 퇴진, 좌파의 정권 장악을 목적으로 사전에 철저한 준비에 따른 정치 공작이었던 것이다.

이번 윤석열 대통령 퇴진 촛불시위 또한 단순한 정치적 퍼포먼스가 아니고, 치밀하게 준비된 전략 전술에 따른 공작이며, 내란 · 반란의 목적을 가진 정치 작전이다.

07 대통령 탄핵사건 계기, 정부전복 의도 드러나

정부 기관들, 더불어민주당 지시에 따라 일사분란하게 움직여

저자는 꾸준히 대한민국 대부분의 진지가 종북좌파 세력에 의해 전복되었다고 말해 왔는데, 이번 사태를 통해 전복 실상을 보다 정확히 파악할 수 있었다.

대통령이 비상계엄을 선포한 이후 더불어민주당이 대통령을 내란수괴라고 몰아가자, 대통령의 명령에 따라 움직이는 군과 행정부에서 반역 행위·기강 해이가 봇물처럼 일어났다.

대통령의 명령을 거역하고 더불어민주당의 지시에 따라 움직이는 반역 행위와 대통령을 배신하는 행위가 곳곳에서 일어났다. 국정원 차장은 대통령을 거짓으로 모함했으며, 군 사령관들도 일부를 제외하고는 정청래 법사위원장 앞에서 훌쩍이면서 대통령을 궁지로 모는 발언을 서슴없이 했다.

공수처(고위공직자범죄수사처)·검찰·경찰 등 수사기관은 비상계엄 선포 3~4일만에 일제히 대형 수사팀을 만들어 재빨리 대통령 긴급 체포 영장 신청·내란 수사에 나섰다.

특히 공수처는 내란죄를 처벌할 권한이 없는데도 경찰과 함께 대통령관저를 급습해 경호처와 일촉즉발의 전투 상황까지 갔다. 심지어 대통령 탄핵 심판을 담당하는 헌법재판소도 더불어민주당과 내통한 흔적이 있으며, 사법부도 더불어민주당과 내통해 영장을 발부했다는 폭로가 있었다.

대통령에 대한 항명, 정부 전복 심각한 상태임을 증명

이것을 통해 볼 때 이재명의 더불어민주당이 입법부 · 행정부 · 사법부는 물론 헌법재판소 · 선관위 등 독립기관과 대통령 직속기관인 국정원까지 컨트롤하고 있음이 드러났다. 모든 정부 기관에 더불어민주당 협조 세력이 스며들어 있고, 이들이 조직적으로 대통령을 반역하고 역공을 취하고 있는 것으로 드러난 것이다. 이것은 사실상 정부 전복 상황이다.

심지어 대통령을 경호하는 팀에서도 일종의 항명·반역 사건이 일어났다. 공수처가 대통령 체포를 위해 대통령관저에 대해 진입 작전을 전개하려는 긴급한 상황에서 최상목 대통령 권한대행 경제부총리는 대통령 경호 업무를 위해 파견된 경찰 경호팀과 수방사 경호부대에 대통령 경호에 협조해 줄 것을 요청했으나 모두 거절당했다.

"공수처의 체포영장 집행을 저지하는 데 경찰과 군 병력을 투입하는 것은 옳지 않다"는 것이었다. 사실상 경찰 및 국방부 수뇌부가 대통령 권한대행에게 항명을 한 것이다.

이러한 반역 현상은 내전에서 종북좌파 세력이 유리한 상황이라는 방증이다. 더불어민주당이 펼치는 "윤 대통령은 내란범이다. 체포를 방해하면 내란 공범으로 처벌하겠다"는 심리전에 굴복했기 때문이다. 겁을 먹은 공무원·군인들이 법에서 정한 자신의 신분을 망각하고 대통령 측을 돕는 것을 기피한 것이다.

이번 사태를 통해 국가원수이자 행정수반인 현직 대통령이 경호실 이외에는 지원하려는 세력이 없고, 더불어민주당의 지시에 따라 행정부가 움직이는 현상, 이것이 바로 '반란' '내란'이며 정부가 전복된 슬픈 현실인 것이다.

더불어민주당, 경찰 조직도 컨트롤하고 있어

이번 사태에서 알 수 있었던 것은 경찰의 전복 상태가 생각보다 심각하다는 점이다. 이러한 현상은 문재인 정권 때부터 감지되었다.

몇 년 전 경남의 한 경찰서에서 어떤 우파 단체의 집회

시위 허가 신청에 대한 허가 공문을 본 적이 있다. 그런데 그 공문의 경찰서장 직인 밑에 '더불어민주당 ○○시 당위원장 ○○○"이라고 쓴 글씨와 도장이 있었다. 참으로 충격적이었다.

이것은 곧 더불어민주당이 경찰서징의 공문 처리를 배후에서 감시·컨트롤한다는 의미였다. 그리고 그것을 보는 순간 북한·중국 등 공산국가의 모습이 떠올랐다. 공산국가란 공산당이 모든 국정을 감시 통제하는 전체주의국가를 말한다. 공산주의 사상에 투철한 세력이 당을 장악하고 이들이 입법부·행정부·사법부는 물론 모든 정부기관·관변단체·사회단체까지 감시·통제하는 시스템을 말하는 것이다.

현재 대한민국이 바로 그런 일당독재 체제로 가고 있다. 더불어민주당이 국회를 장악한 것은 물론이고 행정부를 장악하고 사법부의 판사 판결까지 좌지우지하고 있다.

군과 경찰·국정원에 이어 중앙선거관리위원회·헌법재판소 등 독립기관까지 감시·통제하고 있음을 전 국민이 알고 있을 것이다.

그렇게 국가의 거의 모든 조직을 장악하고는 감사원장 탄핵·정보통신위원장 탄핵 등 민주당의 말을 듣지 않는 조직에 대해서는 탄핵·겁박·예산 통제 등 온갖 방법으로 공격해 굴복시키는 것이다. 이런 방법으로 더불어민주당은 일당독재 체제를 구축해 가고 있다.

대통령 체포를 위한 대통령관저 압수수색을 앞두고 경남 경찰청장 출신인 이상식 민주당 의원은 경찰청 관계자과 내통한 사실을 자신의 SNS를 통해 스스로 밝혔다. "어제께와 어제만 해도 무지 바빴습니다. (윤석열 대통령) 체포영장 만기를 하루 앞두고 저희 당과 국수본 간의 메신저 역할을 하느라 전화기에 불이 났습니다"는 글을 올린 것이다.

이러한 행태는 경찰의 정치적 중립을 해치고 더불어민주당의 지휘·통제로 대통령 체포 작전이 이루어지고 있음을 방증하는 것이다. 경찰이 더불어민주당의 지시를 이행한다는 것이 무엇을 의미하고 대한민국을 어디로 끌고 가는 것인지 경찰 스스로는 알고나 있는 걸까.

더불어민주당, 경찰 우군화 위해 공천 배려

문재인 정권이 국정원·검찰의 수사권을 빼앗아 경찰에 넘긴 이유가 무엇일까. 경찰을 우군으로 만들었다는 자신감이 있었기 때문이다.

더불어민주당은 오래전부터 경찰을 우군화하기 위해 공을 들였다. 2012년 4월 총선 때는 국정원 댓글 사건 때 수사경찰서에서 국정원 수사를 담당했던 권은희를 공천했고, 2016년 4월 총선 때는 친민주당 행보를 해왔던 표창원 경찰대학 교수를 공천했다. 2020년 총선 때는 문재인 청와대의 지시에 따라 2018년 울산시장 선거 당시 송철호 후보의 당선을 위해 부정을 저지른 황운하 울산경찰서장을 공천하는 등 지속적으로 경찰과의 관계를 구축하는 데 노력했다. 2020 · 24년 총선 때도 적극적으로 경찰 출신들을 공천했다.

문재인 정권, 자치경찰제 등으로 경찰을 종북좌파의 수족으로 만들어

게다가 문 정권은 경찰 우군화를 위해 경찰 제도를 개편하기도 했다. 2021년 7월부터 실시한 자치경찰제가 대표적이다.

자치경찰제란 생활밀착형 치안 행정을 펼치고자 하는 것이라 선전했지만 실제로는 지방의 좌파 세력이 4만여 명의 자치경찰을 좌지우지하도록 한 것으로 지방경찰 조직을 좌파의 하부 조직으로 만들려는 저의를 숨긴 제도이다.

자치경찰조직은 외형적으로는 시 · 도지사 소속이지만 실제로는 시 · 도지사 밑에 설치한 시 · 도경찰위원회(7명)의 지휘통제를 받도록 했다. 문제는 시 · 도경찰위원회 7명의 선발 방식이다. 시 · 도의회 추천 2명, 시 · 도지사 추천 1명, 시 · 도교육감 추천 1명, 추천위원회 추천 2명, 국가경찰위원회 추천 1명인데 이 중에 인권전문가 1명을 반드시 포함하도록 했다.

2018년 지방선거는 민주당의 싹쓸이 판이었다. 지방교육감도 좌파 일색인 점을 감안하면 대부분의 지방 조직이 좌파 일색으로 구성될 수밖에 없었다. 그러니 경찰의 상부는 물론이고 하부 · 말단 조직이 모두 좌파의 손아귀에 들어간 것이다.

문 정권은 국정원의 대공 수사권을 완전히 박탈해 우군화된 경찰에 넘겼다. 또한 그 후 검찰 수사권도 완전 박탈해 경찰이 독점하도록 했고, 심지어 내란 수사권조차

경찰이 독점하도록 했으니 그야말로 경찰공화국이 될 판이다.

다수의 자유민주 경찰, 현 상황 인식하고 체제 수호 전사로 나서야

경찰의 다수는 자유민주주의 대한민국의 경찰이라고 믿는다. 현재 문제를 일으키고 있는 주체는 바로 더불어민주당·민노총과 연계된 소수의 좌파 경찰 세력이다. 이들이 경찰청장 등을 체포해 두고 정국을 휘두르고 있다.

이들의 경찰 권력 남용을 방치한다면 대한민국이 무너진다. 지금은 대한민국 국민 경찰이 용기를 내서 나서야 할 시점이다. 왜 소수의 반란 세력에게 꼼짝 못 하고 휘둘리는가. 여러분의 뒤에는 들불처럼 일어나는 대한민국 국민의 응원이 있다.

08 어떻게 전세를 일거에 역전할 수 있을까?

'윤석열 대통령=내란범'공세를 벗어날 해법은?

더불어민주당과 공수처, 경찰수사팀 등 좌파 수사기관
은 대통령을 내란수괴로 몰아 구속하려고 온갖 작전을
꾀하고 있다.

이들이 윤대통령을 내란죄로 엮는 것은 비상계엄이 내
란이어서가 아니다. 윤석열 정권을 괴멸시킬 수 있는 효
과적인 프레임이기 때문이다. 종북 좌파세력은 정치공
세를 할 때 그것이 합법적인지 아닌지 고려하지 않는다.
공격력이 있는지 없는지가 중요하다.

우파들은 이들의 주장이 왜 틀렸는지를 밝히는데 에너
지를 너무 많이 소모한다. 이제는 이들의 주장이 진실
인지 아닌지를 밝히는데 시간과 에너지를 소모하지 말

고, 그 에너지를 적의 급소를 타격하는데 써야 한다.

더불어민주당 등이 갖는 가장 큰 취약점(급소)은 무엇일까? 바로 종북사상이다. 그들의 주도세력의 사상 실체가 반대한민국세력이라는 것을 향해 집중포화를 가하는 역프레임을 걸어야 한다. 적의 가장 급소를 타격함으로써 그들의 거짓공세를 무력화할 수 있다. 국민들에게 이들의 사상적 실체를 알림으로써 국민들로부터 고립화할 수 있는 것이다.

윤대통령은 12.3 비상계엄을 선포할 때 "종북 반국가세력"이 공격 포인트라고 밝혔다. 더불어민주당, 진보당, 민노총, 좌파언론 등 종북 좌파세력의 사상적 실체를 국민들에게 밝히는 것이 핵심이다.

민주당 급소는 종북문제, 이곳 타격해야

자유일보 논설(2023. 11.8)
"국민의힘 문제가 무능력이라면, 민주당의 고질병은 정체성 위기다.
...
윤석열 대통령부터가 이 문제에 대해서는 단호하다. **이 문제에 대한
시각이 바로 잡히기 시작하면 민주당은 치명타를 입게 된다. 정당
해산사유이기 때문이다.**
민주당 정체성 문제는 언제 폭발할 지 알 수 없다. 한번 터지면
민주당은 회복 불가능이다."

더불어민주당의 가장 취약점이
바로 사상인데,
국민의힘은 지금까지
그곳을 공격하는 것을 기피했다.
이제 그곳을 반복 타격해야 한다.
그것이 그들의 급소다

대통령 탄핵세력과 탄핵 반대세력 간 체제전쟁임을 알리자.

지금 대한민국은 대통령 탄핵을 둘러싸고 치열한 내전, 체제전쟁이 벌어지고 있다. 대통령을 탄핵하는 쪽과 대통령 탄핵을 반대하는 쪽이 치열한 내전을 벌이고 있다.

이 두 세력은 어떤 세력인가?

대통령을 탄핵하려는 세력은 이재명을 중심으로 한 더불어민주당, 진보당 등 종북 좌파정당이 중심을 이루고 입법부를 장악하고 있다. 사상노선은 자유민주주의체제를 허물고 사회주의, 공산주의 노선을 지향하고 있으며, 대한민국체제를 바꾸려는 반대한민국세력이다. 외교적으로는 북-중-러 진영에 우호적인 종북, 종중세력이다.

대통령 탄핵을 반대하는 세력은 윤석열 대통령을 중심으로 하고, 국민의힘 등 우파정당이 중심을 이루며, 행정부를 장악하고 있다. 사상노선은 반공적 자유민주주의체제를 수호하려는 입장이며, 북한, 중국 등 공산주의체제를 반대하는 반공 노선을 지향하고 있으며, 대한민국을 긍정하고 수호하려는 대한민국세력이다. 외교적으로는 한-미-일 삼각동맹을 중심으로 자유우방과의 유대관계를 중심하는 세력이다.

출처: https://www.threads.net/@blessing_boaz_1942/post/DEATLH1vnO0

대통령 탄핵은 자유민주주의 체제탄핵임을 알리자

대통령 탄핵은 단순한 윤석열 대통령 개인을 탄핵하는
것에 그치지 않는다. 이는 윤석열 정부(우파정권)를 탄핵
하는 것이고, 종북정권의 시대를 열어 자유민주주의체
제를 탄핵하고 공산체제로 가는 체제탄핵이며, 이는 곧
자유민주주의 대한민국의 종말을 고하는 대한민국 탄핵
인 것이다.

동시다발적으로 국민깨우기운동 전개하자

현재 윤석열 대통령 지지율이 50%를 향해 가고 있고, 공산화되면 안된다며 젊은이들이 동참하는 열기가 뜨겁다. 광화문광장, 여의도, 한남동 대통령관저, 헌법재판소 및 주요 도시에서 거센 국민저항권 행사 집회가 일어나고 있다. 이러한 열기가 있을 때가 국민깨우기운동의 적기다.

이념사상전쟁은 단기간에 강력한 세례를 받는 것이 가장 효과적이다.

6.25전쟁 전 우리 국민들은 공산주의(사회주의)를 추종하고 우호적으로 생각하는 사람들이 너무 많았다. 그런데, 이들이 공산주의를 싫어하는 반공인사로 돌아선 것은 순식간이었다. 6.25전쟁이 일어난 후 3개월만에 일어난 일이었다.

북한군이 자기가 사는 마을에 나타나 좌파주민들과 합세하여 집집마다 다니며 우파인사를 체포하고 인민재판을 통해 처형하는 모습을 보면서, 공산주의의 사악한 실체를 알아버렸기 때문이다.

지금이야말로 대한민국 자유민주주의를 좋아하는 80% 이상의 국민이 종북세력의 실체를 깨닫고 반공의식으로 무장할 수 있는 적기다.
현재 사태를 일으킨 종북 반대한민국세력의 실체를 간단명료하게 정리해서 국민들에게 동시다발적으로 퍼트리는 것이 핵심이다.

단순히 '대통령 탄핵은 안된다'를 넘어 대통령 탄핵을 주도하는 세력이 종북 반대한민국세력이고 이들이 정권을 잡을 경우, 북한-중국과 같은 공산국가로 간다는 사실을 알면 국민적 저항은 봇물이 터질 것이다.

한번 반공 봇물이 터지면 이것을 막을 세력은 대한민국에서는 없을 것이다. 헌법재판소 재판관들도, 판사도, 공수처-경찰, 검찰도, 군도 말이다. 태풍이 쓸고 지나간 자리에 대한민국의 새집을 지으면 된다.

탄핵 막을 최고의 힘은 국민지지율을 50% 이상으로 올리는 일

2017년 3.10 박근혜 대통령 헌법재판 당시 우경 헌법재판관 비율이 지금보다 높았는데도 8:0으로 파면 결정이 나고 말았다. 지금 헌법재판관의 성향을 볼 때 그때보다 상황이 더 나쁘다. 대통령 탄핵 재판을 낙관할 수는 없다. 이런 상황에서 헌재가 기각 판결을 내리게 할 유효한 방법은 무엇일까?

국민대각성운동을 통해 탄핵을 반대하는 윤석열 대통령 국민지지율이 50%를 넘어 60%에 이른다면 상황이 급격하게 달라질 것이다. 이미 윤대통령 지지율이 50%에 이르자, 많은 변화들이 일어나고 있다. 조선일보 등 주요 신문들이 눈치를 보기 시작했고, 더불어민주당 내에도 자중지란과 조급증이 일어나고 있으며, 내란몰이 공세도 급격히 약화되고 있는 실정이다. 법원의 태도와 공수처, 경찰, 검찰 등 수사기관의 내란범 수사도 위축상을 보이고 있다. 헌법재판소 재판관들도 위축되고 있고, 선관위의 부정선거 관련 증거도 드러날 조짐을 보이고 있다. 그러나, 더불어민주당과 좌파세력은 순순히 물러날 세력이 결코 아니다. 국민지지율을 60%까지 높여 감히 도전할 엄두를 내지 못하게 해야 한다.

국민지지율을 50% 이상에 이르게 하려면 대한민국의 체제 위기가 얼마나 심각한지를 알리는 국민대각성운동이 절대적으로 필요하다. 우파세력(30% 미만)만으로는 부족하고, 평소 관심이 없었던 중도층(40-50%)을 대상으로 현 정세를 알리는 방법을 개발해야 한다.

그 방법으로는 좋은 유튜브 영상이나 좋은 글이 있으면 지금까지 전파하지 않았던 조카, 친지, 이웃, 교인 등에게도 전파하고, 현재의 심각한 체제위기를 깨달을 수 있는 좋은 소책자를 서울역, 전철역, 시장통, 교회 앞 등에서 소책자 배포운동을 전국 동시다발적으로 하는 것이 엄청난 효과를 발휘할 수 있다.

현 시국에 대한 설득력 있는 케치프레이즈를 차량에 붙이는 것도 좋다.

가장 좋은 방법은 오프라인 거리버스킹인데, 이는 현 시국상황에 전혀 관심이 없는 사람들도 보고 듣지 않을 수 없기 때문이다. 전국 마을 곳곳에 삼삼오오 팀을 짜서 작은 현수막 달고 서명받으며 대한민국 위기 상황 설명하고 소책자, 전단지 배포하기, 연설하기 등 거리버스킹 행사를 하는 것이 좋을 것이다. 이때 우파단체들도 좋고 개인들이 3명씩 짝을 지워 한 곳이라도 하면 되는 것이다.

대규모 시위를 해야 할 때를 피해 평일에 하면 좋다. 필요한 케치프레이즈, 연설내용, 전단지 등은 대한민국대세운동중앙회에서 지원해 줄 수 있다.

소책자 배포운동 등, 오프라인 전파운동

대세운동중앙회자료 - 방법 지원

❖ 전단지 동영상배포 ❖ 소책자 배포 ❖ 거리 버스킹(피켓 등) ❖ 소모임 등 통해 전파

전쟁에서 승리하려면 반드시 전선을 명확히 나누어야 한다. 낙동강 전선을 명확히 긋고, 북쪽은 북한군, 남쪽은 국군과 유엔군으로 구분하는 것이다. 전선을 나누지

않고 싸우면 누가 적인지 아군인지 구별이 되지 않는데, 아군끼리 교전으로 큰 피해를 당할 수 있다.

전선을 나눌 때 반드시 고려해야 할 사항은 우리에게 유리하게 전선을 나누어야 한다는 점이다. 2017년 박근혜 대통령 탄핵 당시 우파들이 탄핵 찬성-반대로 나뉘어 적대시함으로써 5.9 대선에서 큰 피해를 당했다.

"비상계엄 찬성이냐, 반대냐" 프레임은 매우 나쁜 프레임이다. 아군을 분열시키기 때문이다. "탄핵 찬성이냐 반대냐" 프레임도 나쁜 프레임이다. 탄핵 반대를 외치는 것은 좋지만 탄핵 반대파와 찬성파로 아군을 분열시키기 때문이다.

보수-진보로 나눈 것은 매우 나쁘다. 종북세력에게 진보라는 좋은 포장을 해주는 것이고, 보수라 하는 부류가 30% 전후이기 때문이다.

우파 - 좌파로 나누는 것도 별로 좋지 않다. 우파라 하는 부류가 30% 미만이다. 대통령 탄핵 반대 시위에 나오는 청년들은 보수, 우파보다 중도라고 답하는 부류가 많다. 기존의 30% 정도에 불과한 보수니 우파니 하는 사람들을 넘어 중도라는 사람들, 심지어 진보라는데 속아서 갔던 청년들도 포용하고 회귀할 수 있도록 하는 프레임이 필요하다.

아군 진지를 넓힐 수 있는 프레임은 두 가지다. "자유민주주의냐, 공산주의냐?" 혹은 "북 - 중 - 러 공산진영이냐, 한-미-일 자유민주진영이냐?", "대한민국을 긍정하는 대한민국세력이냐, 대한민국을 부정하는 반대한민국세력이냐?"이다.

그러면 적군을 고립화시킬 수 있고, 최대한 아군을 많이 끌어들일 수 있다. 80%가 우리 편이 될 것이다.

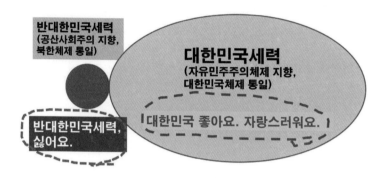

아군도 강력한 심리전 활동을 전개해야

지금은 내전이다. 전시 심리전은 우군에게는 사기를 높이고 적에게는 사기를 떨어뜨리는 것이 핵심이다.

6.25전쟁 때도 북한군과 국군은 수시로 삐라를 뿌려 상대편에 협조하지 말라고 경종을 울리고, 만약 협조하면 처벌할 것이라고 강력히 경고하였다. 이러한 전

단지 살포는 적의 고립, 궤멸시키는 심리전 활동의 일환인 것이다.

마찬가지로, 더불어민주당, 공수처, 경찰수사단 등은 "윤석열 대통령은 내란범이다. 체포하는 데 방해하면 내란공범으로 처벌하겠다", "대통령 경호원이 저항하다 체포되면 연금이 박탈될 수 있다"라는 위협을 가했다.

일례로 공수처가 대통령 체포하기 위해 대통령관저로 갔을 때, 대통령실에 나와 있던 경찰 경호팀·군 경호팀이 대통령 경호를 기피한 사례가 있다. 또한, 더불어민주당은 "내란 선동을 하는 유튜버를 고발하겠다." "내란 선동 카톡 글도 고발하겠다."는 등의 위협을 가한 것도 사실은 심리적 공포감을 주려는 것이다.

이러한 적의 심리전에 대응하지 않고 방치하는 것은 아군의 궤멸을 자초하는 일이다. 아군도 상대의 심리적 위

축을 가져오는 소재를 개발하여 홍보전·심리전을 강력
히 전개해야 한다.

"불법적인 체포에 가담하면 반란 세력이고, 반드시 처벌
을 받을 것이다."라고 경고하고, 진압 후 실제로 반드시
처벌해 역사 기록에 남겨야 한다.

헌법 위의 권력, 국민저항권으로 대항해야

현재 대통령 탄핵재판은 단순한 법리논쟁이 아니다. 여
론전이고 선전전이며, 내전이다. 이미 법적투쟁, 상식논
쟁, 이론논쟁을 벗어난 전쟁이다. 입법부, 사법부, 행정
부도 우리 편을 들어줄 수 없다. 경찰도, 검찰도 우리 편
이 아니다. 이제 마지막 남은 수단은 헌법 위의 권력, 국
민저항권뿐이다.

헌법재판소에서도 이를 인정하고 있다. "저항권은 국가
권력에 의하여 헌법의 기본원리에 대한 중대한 침해가

행하여지고 그 침해가 헌법의 존재 자체를 부인하는 것
으로서 다른 합법적인 구제 수단으로는 목적을 달성할
수 없을 때에 국민이 자기의 권리·자유를 지키기 위해
실력으로 저항하는 권리"라고 규정하고 있다.

저항권은 국가권력에 저항할 수 있는 국민 권리로서, 자
유민주주의 국가에서 주권자에게 주어지는 최종적인 방
어권이다. 이는 헌법의 규정 여부와 관계없이 천부인권
(天賦人權)이다.

광화문 광장, 한남동 대통령관저, 여의도, 안국동 헌재
앞, 서부지법 앞, 기타 부산, 대구 등 도시별로 벌여온 애
국세력의 수백만 인파야말로 헌법재판소 등에서 승리를
가져오는 힘이다. 최대한 많은 인력이 나오도록 총력전
을 펼쳐야 한다. 다만 국민저항권은 광장시위만을 의미
하는 것이 아니다. 언론 댓글달기, 좋은 카톡글 전파, 유
튜브 전파, 소책자 나누기, 이웃 설득하기 등 주권자인

국민들이 직접 나서서 국민여론을 높이는 일체의 구국
운동을 포괄하는 것이다.

미국 등 자유우방, 대한민국을 공산진영에 뺏기지 않도록 도와야

현재 한국사태는 한국국민 만의 책임으로 돌리기 어려
운 측면도 있다. 종북-종중 세력의 성장을 방치하고 이
념사상에 대한 공부를 하지 않고 지금까지 사태를 악화
시킨 책임은 전적으로 대한민국 국민들의 책임이다. 그
러나 미국 등 자유우방의 책임도 없지 않다. 1990년 이
후 중국, 러시아 등 공산권에 대해 경계심을 풀고 이들
을 너무 폭넓게 받아들인 책임이 있기 때문이다.

어쨌든 현재 한국사태는 80여 년간 북한의 대남 적화 공
작과 종북세력의 양산이 낳은 산물이며, 세계 패권을 노
리는 중국의 침투전략과 연계된 국제적 성격이 강하다.

따라서 이 사태를 해결하는 것을 대한민국 대통령과 대한민국 우파국민들에게만 맡겨 놓을 일이 아니다.

대한민국은 군사무기 6대 강대국이고 반도체, 중화학공업, 조선 등 기술강국이며, 동아시아의 전략적 요충지이기도 하다. 이러한 대한민국이 북-중-러 공산진영에 빼앗긴다면 일본, 대만 등 연쇄적으로 공산진영에 도미노처럼 넘어갈 수 있다. 만약 그런 일이 일어난다면 이는 대한민국의 불행을 넘어 인류의 화근이 될 것이다.

그러므로 미국 등 자유우방은 종북-종중 정치세력에게 정권이 넘어가지 않도록 총력대응해야 할 것이다. 대한민국이 북 · 중 · 러 공산주의진영으로 넘어가지 않도록 적극적인 공동행동을 취해야 한다. 대한민국 문제는 미국 등 자유우방의 문제이며, 세계와 인류의 화근이 될 수도 있는 심각한 국제문제이기 때문이다.

폭발적 국민 지지를 이끌어낸 윤 대통령의 12.12대국민담화

12.3 비상계엄에 대해 우파국민들조차도 "웬 뜬금없는 비상계엄이냐?"는 등 사태를 이해하지 못해 우왕좌왕했다. 그러는 사이 좌파의 선동에 압도당해 윤석열 대통령의 지지율은 10%대까지 추락했다.

저자도 그랬지만 우파인사들이 다양한 루트로 대통령실에게 "더불어민주당의 '비상계엄=내란' 공세에 대해 반응하지 않고 방치하면 박근혜 대통령 꼴 난다. 국민들은 좌파 프레임에 파묻히고, 우파들도 전투력을 잃고 모래알처럼 흩어진다. 지금은 내전이다. 대통령은 우파진영의 사령관으로서 의병들에게 사태의 진실을 밝히고 지휘방침을 밝혀야 한다. 그래야 우파세력이 무너지지 않고 투쟁에 나설 수 있다." 등 논리로 대국민 담화를 촉

구했다. 대통령도 이미 마음의 단단한 각오를 하고 스스로 대국민 담화를 준비했다고 한다.

윤석열 대통령은 12.12 꼼꼼히 준비한 대국민 담화를 발표했다. 그는 12.3 비상계엄을 할수 밖에 없었던 이유를 진솔하게 밝혔는데, 이것이 국민들의 마음을 얻고 전세를 역전하는 발판이 되었다.

12월말 망년회 행사 때 만난 한 원로변호사는 그간 윤대통령에 대해 부정적 감정이 남아 있는 분이었는데도, "대통령이 적당히 지내면 자연스럽게 퇴임을 할 수 있는데, 굳이 자기 생명을 걸고 국가적화실상을 국민과 세계에 알리려 한 것을 알고 나니, 그의 진정성이 느껴진다"며 윤대통령을 적극 옹호하는 입장으로 바뀌었다. 이러한 변화는 참석자 모두에게서 나타났다. 대국민 담화는 우파진영을 강력하게 결집하는 시멘트 역할을 한 것이다.

이러한 결집도는 곧 대통령 지지율 급등과 강력한 대통

령 탄핵 반대투쟁 열기로 나타났다. 국민지지율은 지난 12월 말 20%대에 있다가 여론조사 공정에서 처음으로 31.5%(12.24)를 통과했고 윤대통령 체포영장 청구 영향으로 2025년 1.1 36.1%로 치솟았으며, 공수처가 실제 대통령 체포를 시도(1.3)한 이후 날개가 달린 듯 급상승 하였다. 1.6 40%, 1.9 42.4%, 1.11 43.1%, 1.12 46%, 1.18 51%에 이르는 등 질주하고 있다. 국민지지율의 폭등은 윤석열 대통령의 주장이 진실이고 마음에서 우러나오는 진정성이 있다는데 공감한 때문이었다. 특히 윤석열 대통령이 더불어민주당과 공수처-경찰 국수본으로부터 극심한 정치적 탄압을 받고 있다며 의분을 느꼈기 때문이다.

윤대통령이 비상계엄을 국민들을 깨우려는 목적에 있다고 했는데, 그 목적은 초과달성한 상태다. 대통령은 6시간짜리 계엄으로 피 한방울 흘리지 않고 국민들과 전 세계에게 일시에 종북세력의 실체를 알리는 몇백조짜리 홍보 효과를 낳지 않았나 싶다.

깨어난 20 · 30대 동참, 전세 완전히 바꾸다

이번 대통령 탄핵사건의 가장 큰 특징은 그간 무관심했던 20-30세대가 폭발적으로 참여하고 있나는 짐이다.

이들은 지금까지 정치적 문제에 별로 관심을 두지 않았는데, 대통령의 비상계엄과 탄핵소추, 그리고 수사기관의 대통령 체포 시도 등을 목격하며 큰 충격을 받았다.

'두 세력이 충돌이 있는데, 어느 쪽 주장이 진실인가?' '이 정치적 혼란의 본질은 무엇인가?' 물음을 갖고 진실을 찾았다. 그런데, 그들은 지금까지 진실이라고 믿었던 기존 언론의 주장이 거짓이다. 대통령이 담화에서 말했던 것이 진실이라는 것을 간파한 것이다.

그리고 이재명 더불어민주당세력이 정권을 잡을 경우, 공산화로 간다는 사실을 깨달았다. '우리가 살아야 할 세상이 자유가 없는 공산체제는 안돼'라는 위기감으로 동참한 것이었다.

이들이 깨달음을 얻는 데는 김성원(그라운드C) 등 젊은 유튜버들의 역할이 컸다. 이들의 동참으로 시위의 방법과 문화도 달라졌고, 정치에 미치는 영향도 판이하게 달라졌다. "stop the steal"이라는 미국 트럼프 대통령이 2020년 대선 후 썼던 구호와 모자 등 상징들을 사용함으로써 미국 트럼프 진영과 미국 언론에 큰 호응을 얻도록 했다.

국내적으로는 중도층을 이루던 20-30세대의 동참으로 대통령 지지율과 국민의힘 지지율이 폭증했다. 중도층이 대거 합세함으로써 우파층에 머물던 한계를 일순간 돌파했기 때문이다. 우파와 중도의 결합은 마의 50%의 지지도를 쉽게 돌파할 가능성이 높다.

반대세(반대한민국세력)의 실체를 범국민운동을 통해 알리고 대세운동(대한민국세력은 다함께 같이 가자)이라는 프레임까지 갖춘다면 이론적으로는 80%까지 지지도를 높일 수 있다.

또한 20·30세대의 대거 동참은 호남 20·30세대 동참으로 이어져 호남의 탈민주당화를 촉발하여 대통령 지지, 국민의힘 지지도의 폭등으로 이어지고 있다.

20·30세대의 합류로 인한 지지도 폭등 현상은 그간 우파를 우습게 여겼던 조중동 등 변절한 언론의 논조의 변화, 국민의힘의 통합 흐름, 민주당의 분열로 이어질 조짐을 보이고 있다.

20·30세대의 우경화 동참은 40·50대의 고립화를 심화시켜 결국 40·50대의 각성을 견인하는 힘으로 작용할 수 있다. 실제로 최근 여론조사들을 보면 40-50대의 윤석열 대통령에 대한 지지율이 상당히 상승하고 있다.

이렇게 볼 때, 20·30세대는 앞으로 종북 주사파의 반대한민국세력과 반대한민국 문화를 청산하고 새로운 대한민국을 건설하는 주류 세력으로 등장할 가능성이 크다.

깨어나는 호남, 새로운 대한민국 만드는 동력될 것

"묻지마 더불어민주당"이었던 호남의 정치사상적 각성 현상이 확연하다. 더불어민주당이 공수처·경찰의 국수본을 앞세워 대통령 체포를 위해 총격전을 불사, 강제 체포한다는 소식이 호남 여론(특히 전남·광주)에 굉장한 충격을 준 것 같다. 호남의 윤석열 대통령 지지율이 1.12 36%, 1.20 41%에 이른다는 여론조사 결과도 나오고 있다. 호남 지역의 이러한 변화는 수도권 등 전국에 퍼져 있는 호남 출신에게 더 큰 영향을 미칠 것으로 보인다.

호남의 탈민주당 바람은 봇물이 터지듯 정치 지역 구도

의 대지각 변동으로 나타날 공산이 크다. 이러한 변화의 흐름은 지역 감정에 구속되지 않는 호남 20·30세대의 영향 때문인 것으로 보인다.

또한 이는 호남의 '묻지마 민주당' 현상을 타파하기 위해 비난과 위협을 감수하며 '내 고향 전라도 깨우기 운동'을 꾸준히 해 온 호남 선각자들의 숨은 노력이 있었기에 가능한 일이었다.

호남의 숨은 반공의식도 한몫을 했다고 본다. 호남은 원래 반공의식이 강했던 지역이다. 6.25전쟁 때 공산 세력에 의해 가장 많은 희생자를 냈던 곳이기 때문이다. 호남 지역은 공산주의자 정율성 공원화 문제가 불거졌을 때 '공산주의자 정율성 공원화 안 된다'며 반대한 여론이 수도권보다 높았다.

그러므로 호남을 깨우는 포인트는 바로 더불어민주당의

종북 성향이다. 이들이 정권을 잡으면 대한민국이 공산화로 간다는 점을 지역민들에게 적극 알리는 주민깨우기운동이다.

이렇게 하여 호남민이 깨어나 더불어민주당의 족쇄에서 풀려난다면, 대한민국이 1987년 이후 지속되어온 주사파의 망령에서 벗어날 것이고, 소모적인 사상갈등도 크게 줄어들 것이다. 그리고 영호남 갈등 등 지역감정도 사라지고 대기업의 호남 유치 등 지역발전으로 이어질 것이다. 지금까지 우리를 짓눌렀던 사상갈등, 지역갈등에서 벗어나 세계 2-3위 선진국으로 재도약하는 원동력이 될 것이다.

다만 30-40%에 이르는 대통령 지지 호남인들을 통합할 새로운 프레임이 필요하다. 기존의 보수세력, 우파세력 프레임으로는 이들을 포용, 융합하기 어렵다. 보수세력, 우파세력 프레임 대신 "우리는 대한민국을 좋아하는 대한민국세력이다"라는 프레임을 내세우는 것이 좋을 것이다. 보수세력, 우파세력이라는 국민들은 국민의 30% 정도에 불과한데, 대한민국세력은 80%를 넘기 때문이다. 그리고 대세 국민들에게 종북세력의 위험성, 자유민주주의 등 대한민국 국민으로서 가져야 할 정체성 교육이 반드시 이루어져야 할 것이다.

앞으로 더불어민주당 폭망, 주사파 폭망으로 이어질 것

더불어민주당은 이번 대통령 탄핵 사건을 계기로 깨어난 국민대각성으로 인해 급격히 추락하고 그 주도 세력인 종북 반대한민국세력 전체가 궤멸되는 대변혁이 일어날 것이다.

이러한 현상은 하루라도 빨리 윤석열 대통령과 정권을 허물겠다는 이재명과 더불어민주당의 조급증과 과욕이 만들어 낸 결과다. 공산주의 세력은 원래 양의 탈을 쓰고 대중을 속여야 하는 것인데, 너무 빨리 양의 탈을 벗고 타락한 모습을 여과없이 보여주었기 때문이다. 그래서, 국민이 이들의 실체를 적나라하게 알아버린 것이다.

문재인 정권과 이재명 국회독재를 이끌고 있는 더불어민주당은 국내와 국외를 막론하고 종북 주사파세력 출신이 주도하고 있고, 공산주의 노선, 반미 친중노선으로 대한민국을 이끌어가는 정당이라는 것이 백일하게 드러난 것이다.

이렇듯 더불어민주당의 정부 전복 행태와 함께 종북세력의 실체가 점차 드러남으로써 지지도가 급락하고 있다. 윤석열 대통령이 비상계엄을 선포한 후 10%대로 추락했었는데, 1달 만에 전세가 역전되었다. 윤석열 대통령의 지지율은 50%를 돌파할 상황이고, 이재명 대표의 지지율은 30% 초반대로 추락했다.

그간 견고한 콘크리트 기반인 호남마저 윤대통령 지지

율이 30-40%, 국민의힘 지지율이 30%대에 이르고 있
다. 더불어민주당은 1월 초순까지만 해도 지지율 하락
에 대해 "일시적 현상이다", "여론조사 상 보수 과표집
이다"라며 안일하게 생각했고, 카톡 검열, 여론조사기관
검열 등 미봉책으로 대응했다.

1월 하순 윤석열 탄핵 반대가 찬성을 역전하고, 국민의
힘 지지율이 더불어민주당 지지율을 10% 가까이 추월하
는 상황에 이르자, 더불어민주당은 심각한 위기의식을
느꼈다. 김부겸, 김경수 등 비명계는 이재명 대타를 모색
하기 시작했다. 친명계도 발빠른 태세전환에 나섰다. 이
재명 대표는 "당 지지율이 떨어진 이유를 밝혀라"라고
지시하면서 중국 공산당 등소평이 1978년 개혁개방 때
내세웠던 흑묘백묘론을 거론하며 탈이념, 탈진영 경제성
장론(실용주의)을 전면에 내세웠다. 윤석열 대통령이 내세
운 "다시 대한민국" 케치프레이즈까지 모방하는 등 대한
민국으로 간판을 바꾸고 있다. 모두 공산화 우려를 잠재

우기 위한 속임수 작전에 본격 돌입한 것이다.

그럴수록 대한민국세력은 이들의 거짓 포장술을 걷어내고 공산주의 종북-친중 반대한민국세력의 실체를 국민들에게 정확히 알려주어야 한다.

10 부정선거 실체 드러나면 대혁명이 일어날 것

지금까지 부정선거 문제는 그 심각성에도 불구하고 좌파 진영의 '가짜뉴스' 프레임 공세 속에 일부 우파의 편협한 주장으로 외면당해 왔다. 그러나 윤석열 대통령이 부정선거의 진실을 밝히려 비상계엄을 선포했다는 사실이 드러나면서 국가적 이슈로 등장했고, 나아가 미국과 중국이 연계된 국제적 사건일 수 있다는 수준으로 의혹이 비화되고 있다. 이제 대한민국의 부정선거 문제는 국내의 차원을 넘어 향후 세계질서를 바꾸는 분기점으로 작용할 공산이 크다.

한국의 부정선거 문제는 어제오늘의 일이 아니다. 특히 2020년 4월15일 제21대 총선 당시 투개표 과정에서부터 부정 시비가 본격적으로 일어났다.

2020년 4월 총선 통합선거인명부

2020년 4월 제21대 총선에선 먼저 통합선거인명부가 극심한 논란을 불러일으켰다. 통합선거인명부는 선거구별로 총선에서 투표권을 행사할 수 있는 유권자 수를 집계하여 기록해 둔 장부로서 성명·주소·성별·생년월일 등의 인적사항을 기록해 둔 선거의 핵심 자료이다.

21대 총선 당시 통합선거인명부의 투명성에 대한 의혹이 끊이질 않았는데 투표자 명단에 죽은 사람이 들어 있는가 하면 심지어 1800년대에 태어난 사람이 투표한 것으로 되어 있는 경우도 있었다. 강원도 양구군 한 지역구의 경우에는 주민 수보다 투표자 수가 많았다는 등의 이야기도 회자되었다.

중앙선거관리위원회(선관위)는 이러한 의혹에 대해 가짜
뉴스라며 부인했지만 그것이 사실이라는 것이 2023년
7~9월 실시한 국정원과 한국인터넷진흥원의 합동 보안
점검에서 드러났다. 국정원은 보안점검 결과를 발표하
면서 "선관위가 해킹에 매우 취약해 선거인명부·개표 결
과도 조작 가능한 것으로 밝혀졌다"고 말했다.

국정원의 발표에 따르면 인터넷을 통해 선관위 내부망
으로 침투해 유권자 등록 현황 · 투표 여부 등을 관리하
는 '통합선거인명부 시스템'을 해킹할 수 있었고 '사전
투표한 인원을 투표하지 않은 사람으로 표시'하거나 '사
전 투표하지 않은 인원을 투표한 사람으로 표시'할 수
있고, 존재하지 않는 유령 유권자도 정상적인 유권자로
등록하는 등 선거인명부 내용을 변경하는 게 가능했다
는 것이다.

부정선거… 국민 주권 도둑질 · 자유민주의 파괴 행위

이것이 사실이면 국민이 하는 투표 행위는 오로지 부정선거를 획책하는 자들의 도구일 뿐 그 이상의 아무런 의미가 없다. 이러한 국민적 의문에 대해 선관위가 확인을 해 주기는커녕 문제를 제기하는 국민들을 압박하고 대법원조차도 재검표하는 것을 기피하고 있으니 이는 자유민주주의 체제를 파괴하는 범죄 행위이다.

윤석열 대통령은 1월1일 자필 편지에서 부정선거 의혹에 대해 다음과 같이 밝혔다.

"선거소송의 투표함 검표에서 엄청난 가짜 투표지가 발견되었고, 선관위의 전산시스템이 해킹과 조작에 무방비이고, 정상적인 국가기관 전산시스템의 기준에 현격히 미달하는데도 이를 시정하려는 어떠한 노력도 하지 않을 뿐 아니라, 발표된 투표자 수와 실제

투표자 수의 일치 여부에 대한 검증과 확인을 거부한다면 총체적인 부정선거 시스템이 가동된 것입니다."

윤 대통령은 이와 같이 선관위의 실상을 지적하며 "이는 국민의 주권을 도둑질하는 행위이고 자유민주주의를 붕괴시키는 행위입니다"라고 준엄하게 질타했다.

차고 넘치는 부정선거 증거들, 선관위와 대법원의 '모르쇠'

2020년 4월 총선은 부정선거의 백화점과도 같았다. 투·개표 과정에서도 색깔 · 크기 · 글씨체 등이 다른 이상한 용지들이 적발되었는데, 중국에서 인쇄된 것 같은 것도 등장했다. 또한 중국인들이 대거 투·개표 참관인으로 참가한 것으로 나타나 "도대체 이게 대한민국 선거냐, 중국 선거냐" 하는 비아냥과 함께 "한국인이 투표하고 중국인이 선거 관리하네"라는 자조의 목소리가 들리기도 했다.

개표과정에서도 이상한 현상이 수없이 발견되었다. 충남 부여 정진석 후보의 경우 참관인들이 민주당 후보가 과도하게 득표한 것에 항의해 재검표를 하자 투표 결과가 뒤바뀌는 현상이 개표장 여기저기서 일어났다. 부여군 선관위도 "분류기를 다시 돌려 재검표하는 일은 전국적으로 많이 있다"고 해명했는데, 이는 조작행위가 전국적으로 벌어졌음을 역설적으로 증언해준 말이다.

선관위에서 투표지분류기의 오작동이 없다고 주장한 것과는 달리 개표 장면을 촬영한 동영상들을 느린 속도로 돌리자 미래통합당(국민의힘 전신) 등 야당 후보를 찍은 투표지가 일정 비율로 민주당 후보에게로 들어가는 장면이 노출되기도 했다.

선거가 끝난 직후 군포 등 투표지를 비롯한 선거자료를 보관하는 대형 창고들에서 동시다발적으로 불이 나질 않나, 불법적으로 쓰레기장에 투기하는 장면들이 동영상을 통해 폭로되기도 했다.

선거 결과에 불복한 120여 개 선거구 후보들이 재검표를 요구하는 선거소송을 제기했으나, 대법원에서 이를 무시하다가 1년여가 지난 뒤 인천 연수을 민경욱 후보 등 4곳 정도만 재검표를 허용하는 것으로 끝냈다.

대법관들과 참관인이 보는 앞에서 이루어진 4개의 재검표 과정에서도 기상천외한 부정투표 증거들이 속속 나타났다. 이미 투표분류기를 거친 헌 투표용지들의 묶음인데도 마치 신권 다발처럼 빳빳한 투표지 묶음이 등장하고, 2장이 서로 붙어 있는 투표용지들도 나왔다. 관리관의 도장 확인이 불가한 일장기 투표지, 배춧잎 투표지(초록색 이중 인쇄물), 앱손 프린터 출력물이 아니라 인쇄소에서 재단해 이바리가 있는 투표지 등 도저히 있을 수 없는 투표용지도 나왔다. 그러나 선관위와 한 몸통인 대법관에 의해 이 모든 게 묵살되고 말았다.

사전투표 조작 시비와 '사전투표제 폐지하라'는 여론

가장 크게 시비를 낳은 것은 사전투표의 투표율 전산 조작 시비였다. 사전투표 결과가 본 투표와 너무나 다른 결과를 보인 것이다. 통계학자들은 일반 선거에서 보이는 대수의 법칙이 무너져 있는 것으로 보아 사전투표율을 조작한 것이 분명하다고 했다. 통계전문가 박영아 교수는 이는 동전 1,000개를 던졌을 때 모두 앞면이 나올 확률과 맞먹는다고 비꼬았다.

더욱 기상천외한 것은 2020년 총선에서 서울·경기·인천 지역의 사전투표(사전관내투표+사전관외투표)에서 민주당과 미래통합당(국민의힘 전신)의 득표율이 63% 대 36%로 일정하게 나타난 점이었다. 당시 조선일보도 우파 단체에서 제기한 63% 대 36%의 득표 비율이 가짜뉴스인지 사실인지 확인하기 위해 선관위 자료를 토대로 거듭 재검토했는데, 거의 사실인 것으로 확인되기도 했

다.(2020년 4월20일자 기사 '팩트체크… 여야 사전투표 득표 비율 인천 63% 대 36%')

이러한 사전투표 등 선거 부정 시비는 2022년 대선 · 2024년 총선 등 선거 때마다 일어났다.

공산주의자들, 부정선거를 죄로 느끼지 않아

자유민주주의 국민은 대체로 "사람이 양심이 있는데 부정선거를 노골적으로 할 수 있겠어"라고 말하는 경향이 있다. 그래서 아무리 설명을 해도 부정선거 자체를 잘 믿으려 하지 않는다. 그러므로 부정선거의 진실을 제대로 알리기 위해서는 공산주의자들의 사상을 이해할 필요가 있다.

북한, 중국, 옛 소련과 동독 · 폴란드 등 동유럽 국가를 포함해 지금까지 지구상에 존재했던 공산주의 · 사회주의 국가는 하나같이 부정선거를 당연하게 여기며 선거를 했다. 그래서 선거 때마다 99%에 가까운 득표율로 공산당 일당독재가 가능했던 것이다.

공산주의자들은 공산 정권을 만들 수 있다면 어떤 불법과 부정을 저질러도 된다는 인식을 가지고 있다. 이것이 부정선거가 발생하는 근본 원인이다. 세계 최초로 공산국가를 만든 레닌도 다음과 같이 말했다.

"프롤레타리아 정권 장악에 도움이 되는 것은 모두 가치 있고 선이다. 진리다." "공산주의자는 법률 위반 · 거짓말 · 속임수 · 사실 은폐 따위를 예사로 해치울 수 있어야 한다."

소련 최악의 통치자 스탈린도 "표를 찍는 자는 아무것도 바꾸지 못한다. 표를 세는 자가 모든 것을 바꾼다"고 말했다. 부정선거는 당연한 것이라는 의미다.

공산주의 세력은 이렇듯 부정선거를 당연하게 생각한다는 점을 명심하고 부정선거 문제에 접근해야 한다. 중국 공산당이 대한민국과 세계 각국 선거에 개입하는 것이나 북한이 수없이 대한민국 총선·대선에 개입해 온 것도 공산주의 사상의 특성에서 나온 것이다.

비상계엄 계기로 종북좌파의 선거범죄 전체를 주목하게 돼

국내 종북좌파 세력도 각종 선거에서 승리하기 위해 온갖 부정을 저질러 왔다. 2012년 4월 총선 당시 통진당 비례대표 부정투표 사건, 2017년 5월 대선에서 문재인 당선을 위한 드루킹 사건, 2018년 6월 문재인 친구 송철호를 울산시장으로 당선시키기 위한 대통령실 개입 사건(일명 송철호사건) 등이 대표적 사례이다.

종북좌파 세력은 개별 선거 부정에 머물지 않고 전자개표기를 개발하고 전파해 부정선거 국제 네트워크를 구축해 왔다는 의심을 받고 있다. 그리고 그 중심에 선관위가 있다. 대한민국 선관위는 2013년 10월 A-web(세계선거기관연합)이라는 회원 수 118기관의 국제기구를 만든 후 이를 통해 전자개표기 수출 및 기술 전파 등을 통해 부정선거를 세계에 전파한 것 아니냐는 의심까지 받고 있다.

이러한 총체적 부정선거 시비는 문재인정부 때인 2020년 총선 이후 우파 일부에서 지속적으로 주장했던 문제인데, 윤석열 대통령이 이 문제를 바로잡으려 비상계엄을 선포했다는 사실이 드러나면서 부정선거가 음모론이 아니라 사실이라는 쪽으로 인식이 바뀌고 있다.

부정선거 슈퍼전파자 선관위, 중국 하수인 역할 의심

부정선거 때문에 피해를 본 도널드 트럼프 미국 대통령은 천신만고 끝에 다시 대통령에 당선되면서 부정선거 문제를 '개별 국가의 문제가 아니라 반드시 제거해야 할 국제범죄'로 지목하고 있다.

미국은 2020년 미국 대선 등 전 세계 부정선거의 배후로 중국을 주목하고 있다. 그런데 중국이 이러한 정치공작을 할 수 있도록 A-web을 통해 투표지 분류기 전파·기술교육 등의 기반을 깔아 주고 중국 해커들이 해킹을 할 수 있도록 장소까지 제공한 것이 한국 선관위라는 사실이 드러나고 있다. 미국에서도 한국 선관위를 예의 주시하고 있는 것으로 보인다.

스카이데일리 보도로 보는 사건의 실체

스카이데일리는 1월 중순부터 지속적으로 비상계엄 당시 수원 선거연수원을 급습해 중국 간첩을 체포하고 미군기지로 압송한 사실을 연속으로 특종 보도해 폭발적인 관심을 이끌었다.

스카이데일리 보도의 개요는 이렇다.

지난해 12월3일 밤 계엄군이 수원에 있는 선거연수원을 급습했는데, 주된 목적은 선거연수원 소속 외국인 숙소에 있던 중국 간첩(해커) 99명을 체포하는 것이었다는 것이다. 이 작전은 득히 미 국방부 산하 국방정보국(DIA) 블랙요원과 합동으로 진행했고, 미군 정보기관이 체포된 중국 간첩들을 인계해 갔다는 것이다. 미군은 이들을 평택항을 통해 오키나와 미군기지로 압송하고 그중 미국 선거에 개입한 일부 인원은 미국 하와이의 미군 기지로 압송했으며, 이들을 수사한 결과 범행 일체를 자백받았다는 것이다.

만약 이게 사실이라면 미국 정보기관이 한국 정부와 함께 한국 선관위 급습 작전을 펼쳐 중국 해커들을 체포, 압송해 간 것은 이들이 대한민국뿐 아니라 세계 각국의 부정선거에 개입한 국제범죄에 연루된 것으로 보기 때문일 것이다. 미국은 원래 다른 나라 국내 문제에 개입하는 것을 극도로 자제하지만 국제 범죄와 연관되면 국경을 넘는 것을 두려워하지 않는다.

부정선거의 실상이 밝혀질 경우 어떻게 대응할 것인가?

중국 간첩 수사를 통해 부정선거의 실체가 사실로 드러날 경우 어떤 변화가 일어날 것인가. 대한민국 전체가 뒤집어지는 혁명적 대변혁이 일어날 것이다.

국회의원 재선거 등 초유의 일도 일어날 수 있다. 이에 따라 우리 사회 각 방면에서 정치혁명·행정혁명·경제(노동)혁명·법률혁명·언론혁명·교육혁명·종교혁명·문화혁명 등과 함께 국민의식혁명까지 동시다발적으로 일어날 수 있다.

자유민주 수호를 위해 노력했던 대한민국 수호세력들은

분야별로 급변 사태에 대비한 마스터플랜 구축 등의 준비작업을 철저히 해야 할 것이다.

문재인 정권 때 양산된 4,025건의 법률, 8만 건의 조례 등 엄청난 악법들을 되돌릴 방안도 준비해 놓아야 할 것이다.

그리고 앞으로 20·30세대들이 국가를 이끌어 갈 인재로 성장할 수 있도록 조직, 활동 등을 지원해야 할 것이다. 특히 반공적 자유민주주의 개념과 대한민국의 국가 정체성에 대한 올바른 이해와 함께 자긍심을 함양할 수 있도록 교육 지원사업에 특히 힘을 기울여야 할 것이다.

변종공산주의에 병든 세계를 되살리는 힘으로 역사할 것이다

대한민국을 사랑하는 국민들이여! 무엇이 두려운가? 우리가 두려워할 것은 종북 반대한민국세력이 아니다. 두려워할 것은 우리 속에 있는 잘못된 생각들이다. 진보, 민주라는 종북세력의 위장술에 속았던 우리의 무지와 무관심, 그리고 '설마' 의식, '누가 대신해주겠지'라는 무임승차 의식, '주한미군이 있으니까 걱정마'라는 오판 등이다.

그동안 우리는 자유민주주의체제가 80여년간 피를 흘리며 지켜온 소중한 정치적 자산인 줄 모르고 즐기는 대

상으로 착각했고, 종북세력들이 '민주화'를 외치며 자유
민주주의체제를 유지하는 질서와 방어장치를 파괴할 때
박수를 치기까지 했다.

우리는 1990년대 이후 '공산주의는 사라졌다'고 안심했
고, '공산주의는 사라지지 않았다'는 사람들에게 '색깔
론이다', '극우세력이다'라고 비난하는 좌익세력들의 주
장에 동조하기까지 했다.

그러나 이제는 알았다. 현 정세도 알았고, 우리의 적이
누군지도 알았다. 주권자인 국민의 생각이 얼마나 중요
한지도 알았다.

이제 우리는 두렵지 않다. 그간 우리가 가졌던 무지와 편
견, 안일함이 홍수에 쓰레기가 쓸려가듯 일거에 청소되
고 있다. 윤석열 대통령 사태를 통해 주권자의 정치교육
이 일어나고 있다. 3.1운동과 같은 국민대각성운동이다.

20-30대가 앞장서고 10대들도 뒤따르고 있으며, 교회들도 적극 동참하고 있다. 서울과 수도권, 부울경, 대구·경북, 세종·충청, 강원 등 전국에서 저항운동이 들불처럼 퍼지고 있다. 특히 '묻지마 민주당' 호남에서도 저항의 불길이 거세게 일어나고 있다. 이 여세는 20-30-40대 젊은 여성들에게로 옮겨가고 있고, 앞으로 태어날 세대들에게도 미칠 것이다.

이러한 국민 사상대각성운동은 종북 반대한민국세력(반대세)의 잔재를 없애고 위대한 대한민국을 만드는 정치적 자산이 될 것이며, 나아가 변종공산주의에 병든 세계를 되살리는 힘으로 역사할 것이다.

저자 **이희천**

국민대각성운동 교재

기본교재

- "대통령탄핵과 체제전쟁"(이희천, 2025, 대추나무)
- "반대한민국세력의 비밀이 드러나다"(이희천, 2021, 대추나무)
- "반대한민국세력의 반란"(이희천, 대추나무 : 출간예정)
- 대한민국 건국전후사 바로알기(양동안, 2019, 대추나무)
- 정치·사상용어 바로알기(양동안, 2020, 대추나무)

❖ 우파유튜버, 교사, 교수, 강사, 단체 지도자들, 목회자들, 애국청년 등 이 학습해야 할 교범입니다. 종북 반대한민국세력의 전략전술과 격파방안, 대한민국세력의 승리 전략전술 등을 알아야 합니다.

국민대각성운동 소책자

"국민들 모르는 사이, 공산화로 가는 대한민국"(32쪽), "대한민국은 체제전쟁 중"(32쪽), "마을로 가는 체제전쟁"(32쪽), 이제는 교회가 나설 때(38쪽)등

❖ 소책자들은 가족, 친구, 이웃, 교회, 동창회 등 각종 모임이나 전철 입구, 시장통 등에서 주민들에게 나눠주기용으로 만든 것입니다.

독서모임, 책자 나누기운동으로 국민대각성운동을 일으킵시다
특강, 리더양성교육 등이 필요하거나 회원 참여를 원하시는 분은 대한민국대세운동중앙회(총무국장 : 010-6519-5235)로 연락시기 바랍니다.

[주문 및 판매처]

❀ 도서출판 대추나무 | TEL.010-8799-1500